CW01347200

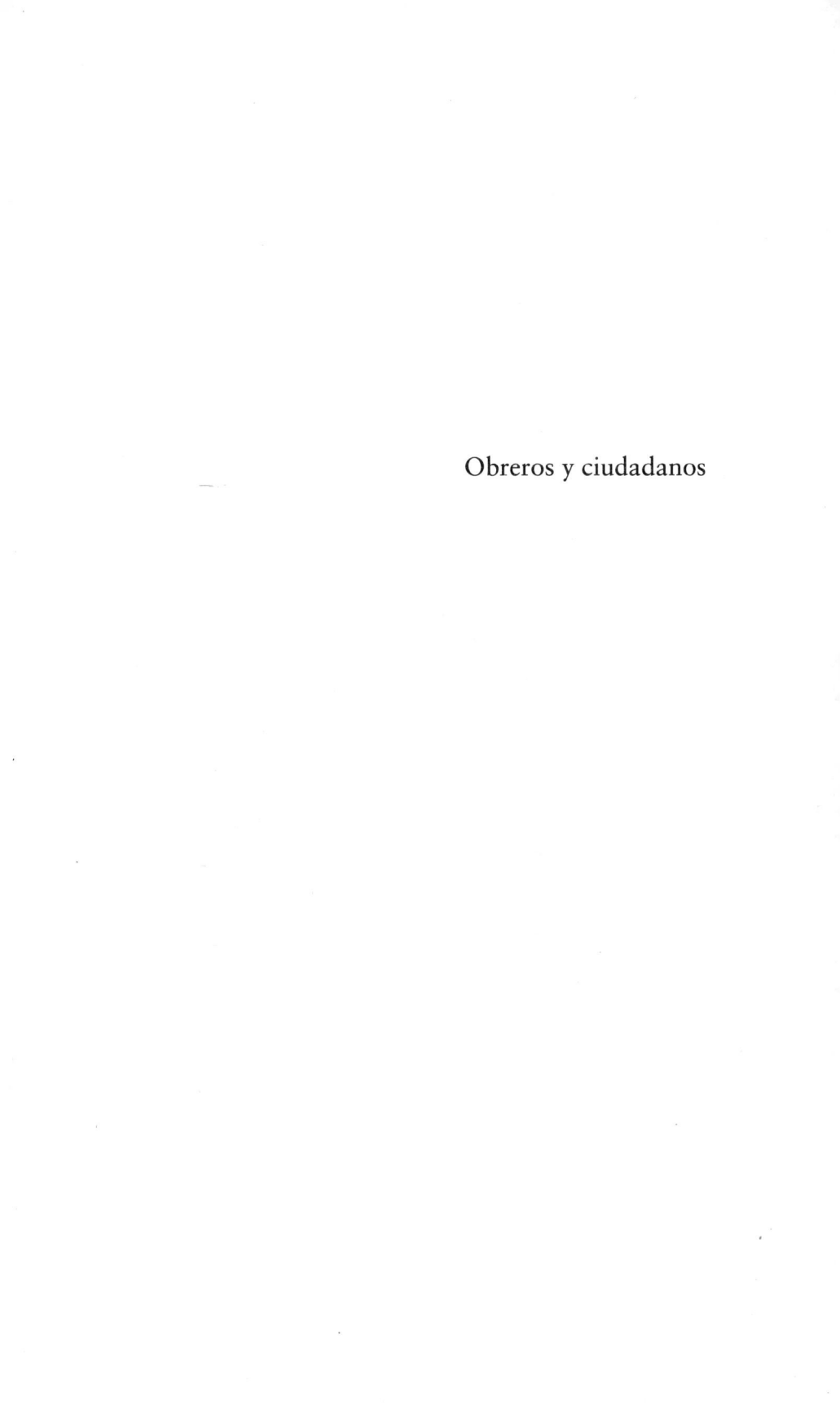

Obreros y ciudadanos

Obreros y ciudadanos
La desestructuración de la clase obrera

Andrés Bilbao

E D I T O R I A L   T R O T T A
F U N D A C I O N   1º D E   M A Y O

COLECCION ESTRUCTURAS Y PROCESOS
Serie 1.º de Mayo

A mi hija Andrea

Primera edición: 1993
Segunda edición: 1995

© Andrés Bilbao, 1993

© Editorial Trotta, S.A., 1993
Altamirano, 34. 28008 Madrid
Teléfono: 549 14 43
Fax: 549 16 15

Diseño
Joaquín Gallego

ISBN: 84-87699-62-6
Depósito Legal: VA-3/95

Impresión
Simancas Ediciones, S.A.
Pol. Ind. San Cristóbal
C/ Estaño, parcela 152
47012 Valladolid

INDICE

Introducción 9

I. INDIVIDUOS Y CLASES 17
   1. La objetividad de las clases sociales 19
   2. Construcción política y clase social 27

II. CRISIS Y REORGANIZACIÓN DE LA FUERZA DE TRABAJO 39
   1. La transición al modelo liberal 41
   2. Cambios en la regulación del mercado de trabajo 48
   3. El proceso de segmentación 67

III. TRABAJADORES, INDIVIDUOS Y CIUDADANOS ... 77
   1. El trabajador y su conciencia de clase 79
   2. Movilización y conciencia de clase 97
   3. La huelga general 111
   4. Trabajadores y sindicatos 131
   5. Ciudadanos y políticos 154

INTRODUCCION

La clase obrera es tanto una categoría analítica como política. Como categoría analítica ha permeado la investigación sociológica, constituyéndose en una de sus referencias obligadas en los años sesenta. Más tarde sufrirá una lenta e imperceptible, pero firme, transición, para reaparecer como mercado de trabajo en los años ochenta. Este cambio en la denominación traducía otro cambio más profundo. La clase obrera hacía referencia a un sujeto social, identificable políticamente. El mercado de trabajo es un agregado de individuos que forma un conjunto ordenado analíticamente, pero irrelevante desde el punto de vista político. La sociología, con este cambio de denominación, dejaba constancia de esta transición.

Como categoría política, fue un componente decisivo de la topología ideológica. Derecha e izquierda se superponían a la simetría antiobrero-obrero. Conservadores y progresistas lo eran en su referencia a la clase obrera. Esta divisoria, sin embargo, ha ido también diluyéndose, de tal modo que en los ochenta ya no hay lugar para las anteriores simetrías. Entre los extremos de esta transición se encuentran múltiples acontecimientos de naturaleza y significación diferentes. El fin del modelo de crecimiento de la postguerra, la crisis del socialismo real, la emergencia de un campo de nuevos problemas, entre los cuales los señalados por la ecología ocupan un lugar prominente, etc., componen el largo e inacabado catálogo de acontecimientos.

Es fácil ahora darse cuenta de los aspectos inconsistentes de la categoría tanto analítica como política de la clase obrera. Nunca fue el contorno homogéneo del que muchas veces partía la sociología y la política. De hecho, en los sesenta se había desarrollado una amplia literatura que alertaba sobre estas simplificaciones. En unos casos, señalando la emergencia de comportamientos que se alejaban de lo que tradicionalmente se entendía por clase obrera. En otros, describiendo su carácter básicamente integrado [1].

Ahora puede plantearse la cuestión en los siguientes términos: ¿hay comportamientos obreros en la sociedad, o, por el contrario, todos se comportan como ciudadanos? Una sociedad en la que hay obreros parece que recuerda más a los esquemas analíticos y políticos de los años sesenta, mientras que una sociedad de ciudadanos parece más acorde con la sociedad de la última década del siglo.

Lo que aquí se plantea es precisamente esta dualidad protagonizada por obreros y ciudadanos, respectivamente. Obreros y ciudadanos coexisten unas veces y se oponen otras. Ambos mantienen un complicado y confuso perfil de relaciones. La noción de «obrero» está estrechamente asociada a las determinaciones sociales del proceso de producción. El discurso militante sería su más acabada representación ideológica. El ciudadano se determina como miembro de la comunidad política ajeno a cualquier referencia al proceso de producción. El ideal típico del perfil ideológico de obrero vincula el orden que ocupa en las relaciones de producción con el orden que ocupa en la estructura social del cual deriva, por último, una específica opción política. El universo social de la teoría económica que hace del mercado el regulador único y exclusivo tiene, obviamente, en la universalización del ciudadano su condición social. El obrero, y su correlato discursivo de la lucha de clases, es lo opuesto, es aquello que hace socialmente inviable la teoría económica basada en el mercado.

El fondo del análisis de esta contraposición es el capitalismo español en los últimos años. La acotación espacial y temporal es importante ya que toda descripción en estos términos es contingente. Es simplemente una radiografía parcial del universo discursivo de ese impreciso contorno que constituye la clase obrera.

En este análisis se encuentran implicados tres planos. El *primero* es el relativo al problema de la determinación teórica de la clase obrera. Lo que básicamente se ha planteado aquí son dos cuestiones. La primera hace referencia al callejón sin salida de los modelos objetivos de las clases sociales, en cuyo contexto se ha caracterizado a la clase obrera como realidad social sustantiva. La segunda a la posibilidad de trazar, a partir de análisis de Marx, la explicación de la doble posibilidad de un orden de obreros y de un orden de ciudadanos respectivamente.

---

1. *Vid.* H. Marcuse y especialmente su referencia a los estudios de S. Mallet sobre la nueva clase obrera, en *El hombre unidimensional*, Barcelona, 1987, cap. 2.

INTRODUCCION

Esto último requiere una mínima explicitación en lo que respecta a una de las más corrientes interpretaciones de Marx. Éste señala en varios puntos que el capitalismo produce a la clase obrera. Esta afirmación puede leerse en dos contextos muy diferentes. En un caso, en el seno de una versión teleológica del proceso histórico al que una esquematizada dialéctica hegeliana hubiera prestado sus categorías como elementos de ordenación. El momento positivo del capitalismo sería disuelto por sus contradicciones internas, en las que la clase obrera actuaría como sujeto portador de un orden alternativo. En otro caso, al margen de la predeterminación teleológica, lo que cabe afirmar es que el capitalismo produce fuerza de trabajo. La posibilidad social del capitalismo está vinculada al hecho de que la fuerza de trabajo no devenga clase obrera, sujeto social alternativo, sino individuos. En este último sentido es en el que se inscriben las referencias a las posibilidades interpretativas derivadas de Marx. En esta primera parte se ha trazado un doble recorrido. Primero, desde la economía política clásica hasta Marx y desde él hacia la interpretación del capitalismo en términos de relación antagónica entre clases sociales. Este recorrido se cierra en la absoluta contraposición con los resultados del positivismo tanto sociológico como económico. El segundo reabre el recorrido iniciado a partir de la ruptura de Marx con la economía política. El resultado es mostrar la conexión entre descripción del capitalismo como relación social antagónica y la descripción de su práctica tal y como la desarrolla el positivismo tanto de la sociología como de la economía.

El *segundo plano* contiene la referencia a los procesos inmediatos que determinan la morfología social de la fuerza de trabajo. En primer término, señalar que, a partir de 1973, se inicia un proceso de reestructuración del modelo socioeconómico que rompe con las tendencias del período anterior. Éstas son las tendencias representadas por el keynesianismo que propició un marco social que apuntaba hacia la reformabilidad del capitalismo. Aun cuando el keynesianismo no supuso la transgresión de los límites del capitalismo, sí hizo compatibles dos tendencias, anteriormente excluidas: la intervención del Estado en la gestión económica y la presión sindical.

La intervención del Estado implica la creación de un área de gestión económica objetivamente socializada. La teoría del Capital Monopolista de Estado, en sus distintas versiones, obedecía a la interpretación de este hecho en términos de ineluctable lógica del capitalismo frente al despliegue autodestructivo de sus tensiones internas. Consecuentemente, si la tendencia hacia la socialización de la gestión económica era una consecuencia ineludible de la dinámica interna del capitalismo, el problema del socialismo se desplazaba hacia el campo exclusivamente político-parlamentario.

La clase obrera jugaba, tanto en el keynesianismo como en las teorías del Capital Monopolista de Estado, un papel diferente, pero en todo caso central. Su reconocimiento institucional y su función como estabilizador de la demanda eran las claves de esa centralidad. Cosa distinta es, lógicamente, que esto supusiera su inmediata constitución como el sujeto que describía el discurso militante.

Lo sucedido en la década de los setenta supuso el progresivo arrinconamiento tanto del keynesianismo como de la tesis del Capital Monopolista de Estado. Aquél como teoría de la práctica económica, éste como teoría crítica de esa práctica. La sustitución del keynesianismo por el liberalismo fue posible tanto por la superación de los problemas estrictamente económicos que dieron lugar al keynesianismo, como, sobre todo, por la creación de nuevas condiciones político-sociales, en cuyo contexto es viable el modelo liberal. En buena medida el proceso mediante el cual se han creado estas condiciones de viabilidad ha sido el proceso de resolución de la crisis.

En segundo término, señalar que la aplicación del modelo liberal requiere la reducción del coste salarial como condición para el relanzamiento del beneficio empresarial. Esta condición entrañaba una condición política, que es la desestructuración de la clase obrera, la reducción de la fuerza de trabajo a una suma de individuos. Sobre este aspecto gira la segunda parte, que trata de explicar el cambio de morfología social de la fuerza de trabajo.

El punto de partida que se ha tomado se sitúa en el año 1977 y está circunscrito al entorno general del capitalismo español. Previamente hay que hacer algunas matizaciones. En primer lugar, aun cuando se ha hablado del referente keynesiano del desarrollo económico posterior a la Segunda Guerra Mundial, su relevancia ha sido muy dispar en las distintas economías. Concretamente, hablar de la España de los años sesenta en términos de keynesianismo y lo que éste implicaba tanto social como políticamente, parece fuera de lugar. El Estado Asistencial no empieza a desarrollarse hasta 1977 [2]. Igualmente los sindicatos fueron proscritos y sustituidos

---

2. El nacimiento del Estado Asistencial hay que datarlo, en España, a partir de 1977. A partir de ese momento se incrementan los presupuestos destinados a sanidad, educación y vivienda. Esta tendencia es común tanto al Gobierno de UCD, como del PSOE. El des-

por el sindicalismo vertical en el que convivían, tutelados muy estrechamente por el gobierno, empresarios y trabajadores.

En segundo lugar, una de las características de las sociedades desarrolladas de posguerra es la fuerte presencia sindical. El pleno empleo y la funcionalidad económica de los sindicatos son algunos de los factores que la explican. Los efectos de esta presencia fueron tanto la tendencia al crecimiento de los salarios como el cuestionamiento de las condiciones de trabajo. Estos efectos se encuentran, entre otros, en el origen de la crisis que se inicia en la década de los setenta. La reorganización que se lleva a cabo en la década de los ochenta conlleva la propuesta de debilitamiento del poder sindical como condición básica para la recuperación económica. Este debilitamiento, seguido con avatares muy distintos en cada una de las economías, se encuentra estrechamente asociado a la profundización de las ya existentes líneas de segmentación del mercado de trabajo.

En el contexto del capitalismo español, los tiempos de este proceso son diferentes. En los comienzos de la década de los setenta convergen dos factores. Uno, la patente debilidad política del franquismo, y, otro, la presión del movimiento obrero, cuyas estructuras organizativas, todavía clandestinas, se habían consolidado en los años anteriores. El resultado va a ser lo que los economistas neoclásicos —que en la década de los ochenta serán la representación de la ortodoxia— llamarán la rigidez del factor trabajo. La legalización de los sindicatos, en el año 77, así como el importante papel político que jugaron en los siguientes dos años, acentuarán estos rasgos.

La presencia del keynesianismo en la sociedad española es muy peculiar. Como ya se ha indicado, está fuera de lugar como referencia a los años sesenta. Sin embargo, a partir de 1977 hasta 1982, el recetario keynesiano planea como una posibilidad. Había un consenso generalizado sobre una serie de sus principios: el papel del Estado como gestor de la economía, la importancia del sector público como agente creador de empleo, la prioridad de los problemas del desempleo frente a los de la inflación, la necesidad de reactivar la demanda, el crecimiento del Estado Asistencial,

---

arrollo de esta vertiente asistencial es paradójica, pues se partía de una situación en la que prácticamente no podía hablarse de estructuras asistenciales, sobre todo en comparación con el entorno de los países que componen la OCDE. La paradoja radica en que cuando la mayoría de estos países iniciaban un proceso de recorte presupuestario en los capítulos asistenciales, en España, ésta fue una partida en crecimiento, pero que, sin embargo, no ha llegado a constituir una estructura asistencial homologable a estos países.

etc. Consenso que rápidamente se debilitó para desaparecer ya definitivamente con el primer gobierno del PSOE [3]. No faltaron, por supuesto, voces discrepantes [4] que con el tiempo fueron adquiriendo una posición dominante.

Lo que con ello se quiere significar es lo siguiente. Por una parte, que la fuerza de trabajo entra en la década de los setenta con una importante capacidad de presión. Y, por otra, que las propuestas de política económica de finales de los años setenta no eran radicalmente incompatibles con el hecho de que la clase obrera jugara un papel central en el proceso económico.

La transición política, inscrita en el contexto de la crisis económica de los setenta, se encaró, a este respecto, sobre dos líneas opuestas. Una, el reconocimiento institucional de los sindicatos democráticos. Reconocimiento que se constituyó como una de las señas de identidad de la democracia frente al pasado franquista. Otra era, en el mismo sentido que las demás economías, la necesidad de moderar y flexibilizar el factor trabajo. Esta propuesta implicaba una reforma de las relaciones laborales cuyos efectos serían, entre otros, debilitar el poder sindical y profundizar las existentes líneas de segmentación.

A la explicación de los rasgos generales de este proceso obedece la segunda parte. En ella se trata de mostrar las líneas generales del cambio de posición de la fuerza de trabajo a lo largo de este período. A partir de 1977 se entrecruzan varios procesos de naturaleza y significación diferentes. Los cambios en la regulación jurídica de las relaciones laborales, el desarrollo de la descentralización productiva, la evolución de la forma de negociación son los más relevantes. El efecto es transformar la morfología de la fuerza de trabajo en un sentido tal que hablar de la clase obrera como colectivo con rasgos unificados es utilizar una referencia más metafórica que real. La diferencia, la heterogeneidad y la segmentación fragmentan y dispersan a la clase obrera. En este sentido puede hablarse de este período en términos de desestructuración de la clase obrera.

La noción de «desestructuración» es utilizada aquí dentro de un contexto de precisas limitaciones. En primer lugar, sobre la

---

3. Aún en el invierno del año 82, el PSOE sostenía en el Parlamento —desde la oposición— la necesidad de abordar prioritariamente el problema del desempleo aún a costa de aumentar la inflación.

4. La revista *Papeles de Economía* fue la representación de esta discrepancia. De ella puede decirse que si jugó el papel de profeta en los setenta, pasó a la categoría de líder en la década siguiente.

base de diferenciar la clase obrera de la fuerza de trabajo. La primera es una realidad político-organizativa identificable, en último extremo, con la evolución del movimiento obrero. La segunda es un agregado de individuos con intereses distintos, divergentes e incluso mutuamente excluyentes. La desestructuración hace referencia al paso desde la condición de clase obrera a la condición de fuerza de trabajo. En segundo lugar, señalar la simetría entre el proceso de reestructuración económica y el de desestructuración es sugerir una idea y descartar una suposición. La idea que se sugiere es que, dentro de la lógica keynesiana, la organización política de la fuerza de trabajo no es un elemento disfuncional. La suposición es la de que el momento anterior a la desestructuración fuera el de la reestructuración de la clase obrera. O, dicho en otros términos, que el punto de partida era el de una sociedad en la que la totalidad fuerza de trabajo y clase obrera se superponían en una sola categoría.

El aspecto externo de este proceso es la progresiva apertura de la diferencia en el mercado de trabajo. Las líneas de demarcación se multiplican y con ello las expectativas inmediatas y su expresión en forma de intereses. Trabajadores que poseen el puesto de trabajo, protegidos institucionalmente y con capacidad de presión, contrastan con el otro extremo: trabajadores cuya relación con el puesto de trabajo es precaria, desprotegidos y sin capacidad de negociación. Adultos con una larga permanencia en un mismo empleo estable coexisten con jóvenes para quienes el acceso al mercado de trabajo es esporádico y marginal.

El *último plano* es el de las representaciones ideológicas de este contorno acotado como el contorno de la fuerza de trabajo. La identificación entre la fuerza de trabajo y la clase obrera es un complejo proceso en el que uno de sus elementos determinantes es el discurso ideológico. Éste, en su univocidad, actuaría como factor de socialización de la suma de individuos que componen la fuerza de trabajo, proyectándolos como clase obrera. Consecuentemente, el plano discursivo sería, en su referencia al proceso de trabajo, a la política, a las relaciones laborales, etc., homogéneo. La desestructuración, como proceso opuesto, diluirá el plano discursivo en una azarosa y caleidoscópica sucesión de narraciones.

Entre el momento unificado y homogéneo y el disperso y heterogéneo, se cruza una referencia al contenido del discurso. En un caso, cuando hablamos de clase obrera, se vincula su situación en el proceso productivo a una determinada opción política. En el otro caso no existe tal vinculación, toda vez que la ruptura de esta relación conlleva una diferente descripción acerca de la significación de su incardinación en el proceso productivo.

La tercera parte está dedicada al análisis de esta subjetividad. Sobre lo cual hay que hacer algunas precisiones. Lo que se ha analizado es una sucesión de discursos individuales, de individuos estratificados según algunas de las líneas en las que se segmenta el mercado de trabajo. La validez, por tanto, empieza y termina ahí. No se extiende al conjunto de lo que es la fuerza de trabajo y no tiene, en consecuencia, la pretensión de ser la radiografía discursiva de esa totalidad.

El momento temporal del análisis es relevante. Primero, porque circunscribe el ámbito de su validez. Otro tiempo y eventualmente otras circunstancias, hubieran producido quizás un resultado distinto. Segundo, porque el momento temporal al que se refiere es peculiar: marzo y abril de 1989, tres meses después de la huelga general. La relevancia va, sin embargo, más allá de esa circunstancia y se cifra en que reveló una situación en la que convergían distintos factores: la amplitud de la huelga, valorada positivamente de forma prácticamente unánime; una valoración que tenía su correlato no sólo en un rechazo que iba más allá de la política económico-social sustentada por el Gobierno, sino también por la mayoría de los partidos políticos, que no habían mostrado discrepancias respecto de sus trazos fundamentales. Sin embargo, meses después, unas elecciones generales ratificaron, en sus líneas generales, el mapa político. Esta encrucijada temporal ha sido el suelo sobre el que han transitado los distintos discursos, a través de los cuales ni se ha pretendido generalizar ni construir una tipología, sino simplemente ordenarlos y mostrarlos en su parcialidad.

I
INDIVIDUOS Y CLASES

1
LA OBJETIVIDAD DE LAS CLASES SOCIALES

Históricamente el análisis de las clases sociales se ha construido bien sobre modelos objetivos, bien sobre modelos subjetivos. En el primer caso, la clase social es una realidad sustantiva, un dato objetivo que refleja el encuadramiento de los individuos según un principio de ordenación. La sociedad se articula como un orden de clases sociales. En el segundo caso, la clase social es una construcción subjetiva. Un producto del análisis que reúne a los individuos según determinadas características. La sociedad es, en este caso, un orden de individuos estratificados según diferentes principios. Clase e individuo se constituyen en puntos de partida alternativos para el análisis científico-social. Ocasionalmente, son producto de concepciones teóricas irreductibles entre sí, lo que conduce el análisis hacia el terreno de la epistemología. Este fundamentalismo refleja un universo de la discusión teórica escindido en dos campos herméticos y con exclusivos puntos de referencia.

El modelo objetivo de las clases sociales se ha ido desplegando en torno a dos características. La primera es la concepción sustantivizada de la clase social. La clase social es un conjunto de individuos que comparten las mismas características materiales, que, a su vez, son un producto objetivo de las relaciones sociales. La segunda es que la clave de las relaciones objetivas entre las clases sociales se encuentra en las relaciones entre sus respectivas bases materiales. Esto último llevaba implícita la distinción entre relaciones subjetivas y relaciones objetivas. Las primeras, producto de la voluntad arbitraria de los individuos, constituyen un momento volátil en el análisis social. Sólo las segundas, las que marcan las verdaderas relaciones entre las clases sociales, acaparan el interés del análisis.

Este modo de concebir las clases sociales y sus relaciones está profundamente enraizado en la tradición de la economía política clásica. Las clases sociales se definían como agrupaciones de individuos que comparten el mismo origen de renta. La tierra, el capital y el trabajo constituían el suelo de las relaciones sociales. La renta de la tierra, el beneficio del capital y el salario del trabajador acotaban y definían a las distintas clases sociales. Terratenientes, capitalistas y trabajadores, tenían en la tierra el beneficio y el salario su suelo.

Smith y Ricardo desarrollaron sistemáticamente esta concepción. Smith estructura su análisis tomando como punto de partida la división del trabajo. Ésta le lleva a la conclusión de que las formas de organización social son relevantes para la mayor o menor acumulación de trabajo y por ende de riqueza. En consecuencia, su análisis se desplaza hacia aquellos factores que hacen posible el despliegue de la organización social de la división del trabajo.

Su análisis contiene dos puntos de referencia. Uno es el que habla de cuáles son las causas del desarrollo de la división del trabajo. El interés del individuo y su correspondencia con el interés general se coloca en el centro de esta explicación. El individuo, en la búsqueda de la satisfacción de sus intereses construye el mercado y contribuye a la satisfacción de los intereses de los demás. El crecimiento del mercado y la dependencia de unos individuos respecto de otros, así como la división del trabajo, son los momentos correlativos de este proceso.

El otro punto de referencia es el de la sociedad dividida en individuos agrupados en clases sociales. Cada uno de ellos es un agregado de individuos que tiene en común el depender de la misma fuente de renta. En esta concepción se dibujan elementos muy precisos. El primero es la relación entre el individuo y la clase social a la que pertenece. Esta última contiene al individuo y determina cuáles son sus intereses. El comportamiento individual, proyectado desde la satisfacción de las propias necesidades, seguirá los lineamientos de la clase social a la que pertenece. El segundo es que las relaciones entre individuos agrupados en clases sociales tienen una clave objetiva. La forma como se relacionan el salario, el beneficio y la renta de la tierra tiene su reflejo en la relación entre las clases sociales. Las leyes que fija la economía política describen el plano material sobre el que se asientan las relaciones sociales.

Los economistas clásicos siempre fueron explícitos en este punto. La finalidad de la teoría era la de conocer cuáles eran las relaciones entre las clases sociales. Relaciones que dependían de las previamente establecidas —y que el análisis debe desvelar— entre salario, beneficio y renta de la tierra. El punto visible de esa relación es el intercambio a través del cual se pone de manifiesto el valor de las cosas.

Smith considera al trabajo el origen del valor. Sin embargo, en la determinación del valor de las cosas intervienen también el beneficio y la renta de la tierra. En contraste con la afirmación de que el trabajo es el origen del valor desarrolla la teoría del valor como suma de factores. Esta distancia entre el punto de partida y el proceso real de formación del valor, la salva recurriendo a la teoría de los tres estados. Ésta compendia el paso desde la sociedad primitiva, en la que sólo existe el trabajo, a la sociedad moderna, en la que existen, además, la propiedad de la tierra y del capital, que son el origen de la renta y el beneficio, respectivamente.

Establecido que el valor es la suma de esos tres componentes, su atención se desplaza hacia la determinación de cuáles son sus relaciones. Su análisis se apoya en dos supuestos. Uno, derivado de la concepción del valor como suma de factores. Según ésta, la variación del valor de uno de los sumandos modifica el valor final. Otro es el de que las leyes de la oferta y de la demanda determinan las oscilaciones de cada uno de los factores.

En los sucesivos capítulos dedicados a la renta, el beneficio y el salario, desarrolla un esquema parecido. A medida que se desarrollan las sociedades, disminuye la tierra disponible con lo cual aumenta su valor. A medida que se desarrollan las sociedades aumenta la cantidad de capitales disponibles, con lo que disminuyen los beneficios. Por último, a medida que aumenta el capital disminuye la mano de obra disponible con lo que aumentan los salarios. Este proceso se detiene allí donde el beneficio del capital desaparece. La sociedad entra en un estado estacionario, desde el que se inicia la marcha atrás en el progreso de las naciones.

Dos conclusiones sobresalen de este análisis. La primera es que no existe antagonismo entre renta, beneficio y salario. Cada uno de ellos se determina según las leyes de la oferta y la demanda. Reconducido esto a la relación entre base material y clase social, se describe un cuadro de relaciones sociales no antagónicas. Los intereses de cada una de las clases los determinan autónomamente la dinámica de la renta, el beneficio y el salario. La segunda conclusión es la de que la sociedad alcanza un estado estacionario desde el cual retrocede para, posteriormente, recuperarse según una lógica de naturaleza pendular.

Entre Smith y Ricardo existe una línea de continuidad en cuanto a la concepción de las relaciones entre las clases sociales y su determinación por la lógica de la legalidad económica. La ruptura entre ambos se centra en la distinta concepción del trabajo como origen del valor. Ricardo llegará, desde su crítica a la teoría del valor de Smith, a conclusiones distintas.

El núcleo de su crítica es la distinción, primero, entre trabajo contenido y trabajo asalariado y, segundo, en vincular el valor únicamente al trabajo contenido. A partir de esta crítica, Ricardo traza un desarrollo coherente del principio del valor trabajo. El valor de las cosas ya no es la suma de factores, sino que depende exclusivamente del trabajo contenido en la cosa. En esto va implícita la distinción entre el momento de la producción y el momento de la distribución. En la producción el valor se determina exclusivamente por el trabajo contenido. En la distribución es donde se determina cómo se reparte el valor de lo producido entre las tres clases sociales.

La distribución del producto está determinada por las leyes que reflejan la evolución de la renta, el beneficio y el salario. La renta se establece siguiendo los lineamientos de la ley de la renta diferencial. Ésta establece como conclusión que, a medida que se desarrolla la economía, crece la renta y con ello el valor de los productos de la tierra. El salario, por su parte, se establece referido tanto al precio natural como al mercado de trabajo. A medida que se desarrolla la economía, el precio del mercado tiende a decrecer y el precio natural a crecer. Por último, el beneficio es la diferencia entre el valor, la renta y el salario. Es el excedente del que se apropia para sí el propietario del capital.

Este análisis apunta hacia un sistema de relaciones antagónicas entre las clases sociales. Ricardo, a la vez que completa su análisis, mantendrá diferentes descripciones de este antagonismo. En un primer momento, a raíz de la discusión sobre la Ley de Granos[1], señalará la oposición entre intereses de los terratenientes, por una parte, e intereses de capitalistas y trabajadores, por otra. Oposiciones que en forma más general establece entre quienes obstaculizan el desarrollo, los terratenientes, y quienes lo favorecen, capitalistas y obreros[2]. Más adelante pondrá de manifiesto la oposición que divide a capitalistas y trabajadores, convirtiéndola en el rasgo definitorio de la sociedad moderna[3]. Repite,

---

1. Es a raíz de la discusión sobre la Ley de Granos cuando Ricardo formulará su teoría de la renta diferencial.
2. Se trata de una posición parecida a la que Saint-Simon desarrolló en el *Catecismo político de los industriales.*
3. Sus sucesivas redacciones del capítulo sobre la maquinaria reflejan el desarrollo de esta tendencia, así como las dificultades con las que tropieza.

pues, Ricardo el mismo esquema de Smith, pero, dentro de él, llega a conclusiones diferentes.

El modelo de economía clásica permitía, pues, primero, objetivar las clases sociales y sus relaciones y, segundo, determinar cuáles eran los intereses de cada una de las clases sociales. Y éste ha sido precisamente el modelo de análisis que la tradición ha atribuido a Marx [4]. Dentro de esta tradición, el modelo ha sido articulado en tres momentos. Primero, las clases sociales se definen por la posición que ocupan en el proceso de producción. Posición determinada por la divisoria que supone la propiedad en los medios de producción. Segundo, el proceso de producción es el soporte material de las relaciones sociales, en el que se encuentran las claves objetivas de esa relación. La propiedad de los medios de producción es el soporte social de la burguesía, mientras que la condición de asalariado es el anclaje material del proletariado. El análisis del proceso de producción, concretado en dos puntos, la tasa de plusvalía y la tasa de beneficio, pone de manifiesto la contradicción insoluble entre burguesía y proletariado. Por último, este modelo ha sido antropomorfomizado, hasta el punto de establecer una conexión entre intereses objetivos, clases sociales y formas específicas de conciencia político-social.

Esta interpretación de la estructura social en términos de relación entre las clases sociales ha ocupado el centro de una amplia tradición teórica. La clase social como una realidad sustantiva y la conciencia de clase derivada de ello han constituido las claves permanentes de esta tradición. En este contexto se habla de burguesía y clase obrera como conciencias diferenciadas, reflejo de sus respectivas posiciones materiales [5].

La teoría y la política fueron construyendo una cosmovisión en

---

4. Giddens, por ejemplo, explica la teoría de las clases sociales en Marx en términos que más bien sugiere una incoherente mezcla entre Smith y Ricardo. Así explica esa concepción que atribuye a Marx: «La expansión de la división del trabajo, junto con el creciente nivel de riqueza que esto genera, es acompañado por el crecimiento de la propiedad privada; esto implica la producción de un plus producto que es apropiado por una minoría de no productores quienes, consecuentemente, están en relación de explotación vis a vis con la mayoría de los productores» (*The Class Estructure of the Advanced Societies*, London, 1973, p. 26). No es casual, que más adelante, al señalar los límites del análisis de Marx, revise el concepto de clase social, basándose en el hecho de que disminuye el porcentaje de población asalariada en la industria. Se trata de un argumento que aparece formulado por vez primera por Berstein, quien señaló la obsolescencia del análisis de Marx, basándose en el crecimiento estadístico de la clase media. Sobre la revisión de Giddens, *vid. o. c.*, cap. 11.

5. Incluso cuando se desarrolló la tesis del aburguesamiento se estaba manejando el mismo esquema. Lookwood suponía que la clase obrera asumía pautas de comportamiento que correspondían a la burguesía.

la que el proletariado ocupaba el lugar central. El proletariado pasaba a encarnar el despliegue de la razón, desde el que se clausuraba el irracional presente[6]. Esta concepción antropomórfica contiene una concepción del desarrollo histórico como sucesión de etapas que desembocan en el reino de la libertad. La relación entre burguesía y proletariado es de antagonismo en el presente de la sociedad capitalista. Sin embargo, desde el punto de vista histórico, hay entre ambas clases una relación de sucesión. El punto de vista del proletariado toma como punto de partida los resultados del pensamiento burgués. Este último tiende, por su origen material, necesariamente, a quedar retenido en la inmediatez, mientras que el punto de vista del proletariado trasciende lo inmediato y permite el conocimiento objetivo del capitalismo. Conocimiento inaccesible para el pensamiento burgués.

Esta distinta posibilidad de conocimiento tiene una raíz metódica conectada al ser de cada una de las clases sociales. El proletariado debe escindirse para reaparecer como fuerza de trabajo. De este modo su subjetividad se enfrenta a esa única determinación objetiva si quiere sobrevivir. En esta tensión, la subjetividad y la aceptación de la realidad escindida reside la posibilidad de que el proletariado rebase la inmediatez, reconciliando sujeto y objeto. Esta reconciliación sólo es posible desde la perspectiva metódica de la totalidad y a la vez desde ella puede disolverse la estructura cosificada de las relaciones sociales en el capitalismo.

Esta tradición ha persistido mientras tuvo un referente político. La revolución bolchevique, la presencia del socialismo real, el movimiento obrero y su efectiva presencia política, el keynesianismo y las políticas de reconocimiento institucional de la fuerza de trabajo, etc., han constituido los fragmentos, con significación

---

6. Éstos son los términos en los que Lukács describe la posición del proletariado: «Cuando el proletario proclama la disolución del actual orden del mundo no hace sino manifestar el secreto de su propia existencia, pues él mismo es la disolución fáctica del orden del mundo» (G. Lukács, *Historia y consciencia de clase*, Madrid, 1972, p. 200). De ello concluye que el autoconocimiento es, al mismo tiempo, conocimiento de la esencia objetiva de la sociedad. Los intereses objetivos del proletariado contenían la negación del orden de cosas vigentes.

Tanto la burguesía como el proletariado comparten para Lukács, y en esto reproduce la misma apreciación que Marx en el *Capítulo VI, inédito*, la misma visión inmediata de la realidad social. Lo que diferencia a una y a otra clase son las «específicas categorías mediadoras». Estas categorías transforman la realidad inmediata en realidad objetiva. El origen de la diferencia en las categorías mediadoras y consecuentemente la diferencia en lo que constituye la realidad objetiva, radica en la distinta posición que ocupan en el proceso económico. Posición material y perspectiva, ser y conciencia, son momentos que se suceden automáticamente.

distinta, de ese referente real. Otras referencias, desarrolladas desde otras perspectivas teóricas, coexistían con esa caracterización de las clases sociales. Se pudo asistir, incluso, a la escisión entre la sociología de las clases y la economía positiva de las relaciones monetarias.

En el extremo, ambas, sociología y economía, eran irreductibles formas de describir las relaciones sociales. Desde la sociología aparecían las clases y la relación de subordinación que se establece entre ellas, como el hecho característico de la sociedad industrial. La explotación era el contenido de esa relación de subordinación. Desde la economía aparecían el dinero y las relaciones que se estructuraban en el cuadro macroeconómico. Ni las clases sociales, ni sus relaciones de subordinación aparecían en lugar alguno[7].

Esta escisión se multiplicaba y reproducía: el orden de la producción y las clases frente al orden del mercado y el individuo; el universo del obrero y la lucha de clases frente al universo de los ciudadanos y la confrontación político-parlamentaria, etc. Marxismo y positivismo, dialéctica y funcionalismo, crítica y orden, etc., vinieron a señalar dos formas de entender el análisis de las relaciones sociales. Situarse en uno u otro punto era, en última instancia, producto de una opción político-moral. Sin embargo, esa misma reducción de los términos del análisis a una opción arbitraria era el síntoma de la descomposición de la teoría de las clases sociales como teoría social.

Así, podría cerrarse el ciclo de la crítica de Marx al capitalismo como relación social, ratificando su apariencia como relación técnica. El hecho económico aparecía indiferente respecto del hecho social y ambos constituían objetos diferenciados, el uno de la economía y el otro de la sociología. La una se define como ciencia de las relaciones económicas y la otra como ciencia de las relaciones sociales. Esta última tiene como objeto las relaciones entre los individuos. Relaciones que planean, pero que en modo alguno se insertan, sobre las relaciones sociales[8]. La clasificación de los in-

---

7. Esta doblez de campos se expresa en la radical separación entre el discurso político-moral y el político-tecnocrático. El primero es el que nace de la sociología, el segundo de la economía. En la medida en que entre uno y otro media el pasaje hacia el ejercicio del poder político, ambos coexisten como momentos distintos. El problema del radicalismo político, ya socialista ya comunista, y su negación en el ejercicio del poder, tiene en esa distancia su explicación. Ser radical en la sociología y en la oposición y realista en la economía y el poder, esto es lo que ha caracterizado la trayectoria de la izquierda.

8. T. Parsons ejemplifica esta orientación. La totalidad se estructura en distintos subsistemas: político, económico, social e ideológico. El sistema social es el espacio de las re-

dividuos en grupos es una cuestión taxonómica. En esta perspectiva el obrero de Marx se fragmenta: es individuo que se orienta racionalmente en el mercado, es trabajador en el proceso de trabajo y es ciudadano en sus relaciones políticas. Incluso dentro del proceso de trabajo, la sociología ha desarrollado una amplia clasificación —empleados técnicos, etc.— que ha terminado por reducir al obrero a una categoría particular.

Hay, pues, una línea que se inicia en la descripción objetiva de las clases sociales y concluye en su irrealidad como descripción de las relaciones sociales. El obrero, la clase social que produce valor, cede ante el individuo de la economía, el trabajador de la sociología y el ciudadano de la política. En esta cesión está implicada otra: la utilidad y no el trabajo es el origen del valor, lo que, a su vez, remite a una última cesión: el proceso de acumulación no es producto de la valorización del trabajo, sino de la autovalorización del capital. Con ello, las categorías de la economía —capital y trabajo— explican su desenvolvimiento a través de las categorías de la sociología —empresarios y trabajadores—. El primero, propietario del capital, se constituye, en la búsqueda de su propio beneficio, en el eje del proceso económico social.

Economía, sociedad y política forman el triángulo desde el que se proyecta una triple descripción de las relaciones entre los individuos. Sobre este triángulo, hablar de capitalismo aparece como un ejercicio de retóricas[9]. En el otro análisis, la forma de la economía, la sociedad y la política, se subsumen en el capitalismo. El obrero y el capital son las categorías sobre las que transcurren y construyen las relaciones sociales. Cabe, en esa disparidad, preguntarse acerca de las relaciones entre ambos modos de ver. La alternativa es: o encerrar a uno de ellos en el limbo de la ideología o tratar de mostrar su conexión.

---

laciones entre los individuos. El análisis científico social consiste en considerar el proceso de interacción de los actores individuales «como un sistema (en el sentido científico) y someterlo al mismo orden de análisis teórico que ha sido aplicado con éxito a otros tipos de sistemas en otras ciencias» (T. Parsons, *El sistema social*, Madrid, 1966, p. 23).

9. Esa fragmentación es la que transforma en un sinsentido la crítica del capitalismo como una unidad. Pero marginación, desigualdad, etc., no son, en esa fragmentación, imputables al capitalismo.

2
CONSTRUCCION POLITICA Y CLASE SOCIAL

La ruptura de Marx respecto de la economía clásica puede centrarse en tres puntos. Primero, en la redefinición del valor como tiempo de trabajo socialmente necesario. Segundo, en la caracterización de la relación entre trabajo vivo y trabajo muerto. Y tercero, en la explicación de la plusvalía a partir de la universalización de la forma «propiedad» en el contexto de cumplimiento de la ley del intercambio de equivalentes [1]. En el primer punto, se distancia de la concepción del valor como teoría de los costes de producción. La referencia al tiempo de trabajo socialmente necesario tiende un puente que unifica el momento de la producción y el momento de la realización de la mercancía en el mercado. Esto supone desvincularse de la concepción objetivada del valor y situar su caracterización en un contexto en el que destaca la forma valor. Ésta es la vía de manifestación de la mercancía y, a la vez que lo hace, debe adoptar la forma dinero. En otros términos, el trabajo abstracto es el valor de la mercancía, pero éste no puede permanecer como tal, pues de lo contrario no es valor. Pero, a la vez, para realizarse debe adoptar la forma contraria de valor de uso, encarnándose en el equivalente general. El pasaje de un momento a otro es el de la transición desde la esfera de la producción, allí donde algo se constituye como mercancía con valor, a la esfera del mercado, donde por mediación del precio se realizará este valor.

Abre con ello la distinción entre el momento de la producción y el momento del mercado. En el primero, el capital debe subsumir al trabajo como condición de su valorización. Este proceso de subsunción es a la vez el que realiza la mercancía trabajo, dándo-

---

[1]. En las glosas a Wagner insiste sobre estos elementos. Primero, al afirmar que su teoría del valor no es una teoría de los costes de producción. Segundo, que la plusvalía no es producto del robo. Tercero, que su origen está en la relación entre trabajo vivo y trabajo muerto.

le forma y a la vez subordina el trabajo al proceso de valorización. Esta subsunción no deriva de la compra por parte del capital de trabajo, de ella sólo deriva la posibilidad de la efectiva subsunción. El control, como proceso político del proceso de producción, contiene la posibilidad de hacer real la subsunción.

La tercera ruptura remite a las condiciones en las que tiene lugar la posibilidad de la subsunción. No es, como afirma repetidas veces, la violación del intercambio del equivalentes, ni la desigualdad, la que se encuentra en el origen del proceso de producción como proceso de acumulación. La esfera de la circulación es la esfera de la libertad, de la igualdad y del hombre racional de Bentham[2]. Los individuos son libres, iguales y propietarios y se relacionan entre ellos según el principio racional derivado de la utilidad y la desutilidad.

El punto de partida del proceso de valorización del capital no es la subordinación de unos individuos a otros. E, igualmente, el punto de llegada, el regreso al mercado, no es la subordinación sino la reproducción del orden de los individuos libres, iguales y propietarios y que se relacionan según sus propias conveniencias. El proceso de subordinación tiene lugar única y exclusivamente en la producción, en el cumplimiento de las condiciones de la subsunción. El punto de partida y de llegada del análisis de Marx se encuentra en el individuo. Sólo en un momento de esta transición el individuo adopta la forma concreta del obrero.

Los individuos son libres e iguales en cuanto propietarios. Y es la universalización de la forma «propiedad» lo que abre el camino, aunque sólo formalmente, a la relación posterior de subsunción. Esa universalización de la propiedad sólo es posible «en un estado jurídico, bajo un poder legislativo público, es decir, en el estado civil»[3]. En esa condición, cuya exposición universal formula Kant, se encuentra la posibilidad de la subsunción. Y se encuentra en la

---

2. «La órbita de la circulación o del cambio de mercancías, dentro de cuyas fronteras se desarrolla la compra y la venta de la fuerza de trabajo era, en realidad, el verdadero paraíso de los derechos del hombre. Dentro de estos linderos, sólo reinan la libertad, la igualdad, la propiedad y Bentham. La libertad, pues el comprador y el vendedor de una mercancía, *v. gr.* de la fuerza de trabajo, no obedecen a más Ley que a la de su libre voluntad. Contratan como hombres libres e iguales ante la ley. El contrato es el resultado final en que sus voluntades cobran una expresión jurídica común. La igualdad, pues compradores y vendedores sólo contratan como poseedores de mercancías, cambiando equivalente por equivalente. La propiedad, pues cada cual dispone y solamente puede disponer de lo que es suyo. Y Bentham, pues a cuantos interviene en estos actos sólo los mueve su interés» (*El Capital* I, México, 1972, pp. 128-129).

3. I. Kant, *La metafísica de las costumbres,* Madrid, 1989, p. 70.

medida en que esta formulación encubre un determinado concepto de propiedad y abstrae el valor de uso, la cualidad de las mercancías de la que los individuos son propietarios.
Y es que la universalización de la propiedad tiene un significado diferente según el concepto de propiedad. La propiedad privada como mera exteriorización del individuo es diferente a la concepción de la propiedad como producto del trabajo. Ésta encierra la posibilidad de adquirir, mediante el trabajo, la propiedad de otros individuos. A la propiedad como exterioridad del individuo y al estado civil como garante de la autonomía, se contrapone la propiedad como posibilidad de extenderse hacia otros individuos y subordinarlos y el estado civil como garante de esta posibilidad.
En esta perspectiva se coloca Marx cuando afirma que «la propiedad fundada en el trabajo propio constituye, en el marco de la circulación, la base de la apropiación del trabajo ajeno[4]. Su rechazo a considerar el origen de la plusvalía como un robo, deriva de la vinculación que establece entre leyes de la propiedad, intercambio según principios de equivalencia y capitalismo. El proceso de apropiación, mediante el cual el capital compra fuerza de trabajo en la esfera de la circulación, aparece necesariamente como apropiación efectuada por medio del trabajo.
Hay un segundo elemento sin el cual esa apropiación mediante el trabajo permanecería como una posibilidad nunca realizada. Este elemento es la diferencia específica entre las cualidades de las mercancías de las que unos y otros son propietarios. Al unificar sobre la condición de propietarios a todos los individuos, cabe describir una doble posibilidad. Si la cualidad de la mercancía es la misma, la condición de propietario identifica a los individuos como iguales y los diferencia por la magnitud de su propiedad. Si la cualidad de las mercancías es tal que presupone una relación de subordinación, la condición de propietarios, a la vez que los identifica, los diferencia y los subordina los unos a los otros. Y éste es el segundo aspecto sobre el que llama la atención Marx.
Los elementos centrales del desarrollo del análisis de Marx son diferentes de la economía política clásica. El punto de partida de su análisis no lo constituyen los elementos directamente visibles del proceso económico: la plusvalía, el salario, la acumulación, etc., sino aquellos que hacen posible el funcionamiento de la legalidad

---

4. *Elementos fundamentales para la crítica de la economía política* III, Madrid, 1976, p. 164.

económica, en la que la plusvalía, el salario, la acumulación, etc., configuran una secuencia lógicamente describible. Con este giro, el análisis se traslada desde la descripción de la legalidad hacia la determinación de las condiciones sociales que la hacen posible. En este nuevo contexto, el capitalismo tiene su génesis en un proceso de configuración política de las relaciones sociales.

La forma mercancía y su universalización constituyen las claves explicativas tanto de la legalidad económica como de la forma de su representación inmediata. La economía política clásica había analizado las leyes del intercambio como especificaciones de las leyes naturales. Y, en este sentido, el análisis clásico lo era sobre la sociedad como una abstracción. Marx pondrá de manifiesto la particularidad de las leyes descritas por la economía clásica. Éstas, que aparecen como leyes generales, enunciables de cualquier tipo de sociedad, son, en realidad, las leyes de una formación histórico-social concreta.

Desde la naturalidad de la economía política clásica hasta su crítica por Marx, hace un recorrido, a lo largo del cual se describe el significado histórico-social de la naturalidad con la que inmediatamente se presentan las leyes sociales de la economía. Esa naturalidad es reflejo de la cosificación de las relaciones sociales. En un paso más, lo que pone de manifiesto son las relaciones sociales desde las que se proyecta la cosificación.

Al pasar de la sociedad abstracta a la sociedad concreta, del orden permanentemente regido por leyes naturales al orden particular regido por leyes sociales y delimitado históricamente, se están poniendo de manifiesto dos cuestiones: la existencia de relaciones sociales y el mecanismo de legitimación de esas relaciones. Este pasaje conlleva la apertura de un nuevo campo de problemas. La economía se abre hacia el campo de la política, de las relaciones de dominio, para encontrar las raíces de su funcionamiento. En este terreno el análisis de las leyes de la economía se desdobla en dos momentos: uno, como leyes cuyo cumplimiento se postula de sí mismo; y otro, como conjunto de condiciones político-sociales desde las cuales se hace posible el cumplimiento de lo enunciado por la ley.

Este resultado es el final de un camino a lo largo del cual se ha ido perfilando una conclusión: que las relaciones sociales se expresan en el mundo universalizado de la mercancía como relaciones de dinero. En esto juega un importante papel el análisis de la mercancía. Éste es el punto de partida que caracteriza la crítica de Marx a la economía clásica. Su análisis llega a dos conclusiones.

Primero, que es una relación social, y, segundo, que es una relación social que sólo puede expresarse como relación objetivada en el dinero. Lo que, expresado en otros términos, quiere decir que en el capitalismo las relaciones sociales sólo se expresan como relaciones de dinero. Hay, pues, un camino de ida y vuelta. Primero, mostrar las claves político-sociales de las relaciones cosificadas y, a continuación, mostrar que, en el capitalismo, las relaciones político-sociales se expresan necesariamente como relaciones cosificadas.

Situados en este campo, el problema de las clases sociales adquiere una configuración diferente a la que tenía en la economía clásica. Ahora su objetividad no se refleja inmediatamente en la estructura social. Hay, por el contrario, una mediación entre el lugar en el que se encuentran ancladas las clases sociales y la forma social en la que se hacen presentes. Aparecen en el análisis dos campos claramente delimitados: uno es el de la eventual referencia a la materialidad que las constituye; otro es el de su forma social de expresión.

Si se continúa ese desarrollo coherentemente, lo que termina finalmente destruyéndose es la determinación de las clases a partir de su origen material común. La universalización de la forma «mercancía» significa que todo —individuos y objetos— asumen esta forma. Y significa también que el conjunto de relaciones se homogeneiza como relaciones entre mercancías. En consecuencia, los individuos se hacen iguales en cuanto que ellos mismos han sido reducidos a mercancías. La desigualdad de los individuos tiene entonces su origen en las distintas posiciones que ocupan en el orden del mercado que despliega el capitalismo. En consecuencia, es el orden que el individuo ocupa en el mercado lo que constituye el principio de clasificación social. Lo que se proyecta es un universo cosificado de relaciones de dinero frente al cual los individuos se distribuyen socialmente. En este universo, el orden social adquiere la imagen de una construcción contractual entre individuos iguales y autónomos y la política se define como intervención de contenido universal. El orden social se resuelve como el orden de los individuos armonizados entre sí, como el orden en el que se garantiza la relación contractual. La política se concibe como un conjunto de reglas técnicas para la administración de ese orden contractual.

Las relaciones sociales, en cuanto que pueden describirse como relaciones jerárquicas, son, exteriormente, el resultado de las leyes del mercado, en cuyo cumplimiento los individuos configuran una comunidad democrática. La diferencia entre grupos sociales se explica desde la subjetividad de los individuos. Son el producto del mayor o menor aprovechamiento por parte de los individuos de las «oportunidades de mercado». Las explicaciones sobre la existencia de las desigualdades sociales se naturalizan: unos individuos se esfuerzan más que otros y obtienen, por tanto, mejores posiciones en la jerarquía social. Con lo que se concluye que la diferencia no es producto de una forma particular de organización político-social, sino un producto universal de la universal naturaleza humana.

El análisis de Marx permite situarse en la equidistancia entre ambas perspectivas. En un extremo, la objetividad de la economía política, en cuyo contexto las clases sociales aparecen como el reflejo inmediato de las relaciones de producción. En otro extremo, la subjetivización de las clases sociales, sobre las que se construye la taxonomía descriptiva del funcionalismo.

Marx, al remontarse desde la mercancía hasta la forma fetichista de su necesaria expresión, pone de manifiesto cómo en el capitalismo las relaciones económico-sociales aparecen objetivadas como relaciones entre cosas. Desde esta apariencia, cabe seguir direcciones opuestas. Una consiste en desarrollar la expresión manifiesta de esta apariencia. El funcionalismo y el análisis neoclásico son la cara y la cruz de esta dirección. Otra posibilidad es desarrollar la crítica de la economía política poniendo de manifiesto el hilo conductor entre la objetividad de las relaciones sociales y su fundamento político. En otros términos, mostrando la fundamentación político-particular del operacionalismo sociológico y de la técnica económica. Mientras en un caso se hace teoría de la práctica en el otro se hace teoría negativa. En un contexto social en el que la práctica positiva de la gestión del orden impone la elaboración de la teoría de la práctica como forma dominante del pensamiento, la escisión entre ambos mundos es finalmente manipulable como producto del pluralismo político de la sociedad de mercado.

Lo que esboza el modelo de Marx no es la oposición entre una clase y otra, sino la oposición de la fuerza de trabajo y el dinero. Y, a la vez, delimita el alcance de las posibilidades del análisis teórico. Esto es así porque la oposición que esboza es una oposición no resoluble mediante el desarrollo de la fuerza de trabajo ya que ésta, en cuanto mercancía, sólo tiene existencia real en cuanto que está representada por el dinero. Lo que esto quiere decir es que, situados en el campo de las leyes del mercado, las clases sociales son los vestigios particularistas que se resisten a plegarse a la objetiva universalidad de las leyes sociales. Sólo desde la particularidad de la fuerza de trabajo puede recorrerse el camino inverso, mostrando el significado particular de la universalidad de las leyes del mercado. Pero, mientras las leyes del mercado son el ámbito de lo realmente existente, el despliegue de la particularidad desde la fuerza de trabajo tiene lugar en el campo de lo utópico. Lo real, lo que existe como universal, aun cuando no sea más que la particularidad de una forma histórica de dominio, es el suelo del pensamiento constructivo, mientras que lo utópico sólo permite la ideología negativa.

Lo que se dibuja es la contraposición entre dos sistemas de categorías, uno que tiene su centro en el individuo y otro en la clase. Uno que es la ratificación, como universal, de aquello que existe y es particular, y otro que, desde la particularidad, trata de desmontar la universalidad de lo existente. «Clase» e «individuo» son categorías cuyos perfiles encierran una compleja relación mutua. El orden de la sociedad de clases rotula a los individuos en contornos cerrados y precisos. La existencia de intereses objetivos de clase permite prever y, por tanto, describir en un orden discursivo unívoco la dinámica social. El orden de la sociedad de individuos se dispersa en una multiplicidad formando un contorno unificado. Aquí también la noción de interés objetivo, esta vez del individuo, permite la descripción codificada de la dinámica social.

La sociedad de clases ha sido también teorizada como la sociedad del conflicto. La noción de «interés de clase» incluye la de «oposición». Es indiferente, a este respecto, que se afirme o no la posibilidad de mediación entre intereses opuestos o que se afirme la irreductibilidad entre unos y otros. En un caso esto ha dado origen a la teoría social de la concertación y en otro a la de la lucha de clases.

La sociedad de individuos es paradójica respecto de la sociedad de clases. Externamente, es un compuesto heterogéneo de individuos autónomos, cada cual orientado por sus propios intereses. Sin embargo, hay un supuesto que unifica esta dispersión y es el del isomorfismo entre interés privado e interés colectivo. La dispersión de la sociedad de individuos es sólo aparente, la búsqueda del propio interés los hace converger en un mismo orden. La teoría social que contrapone la sociedad civil al Estado, excluyendo cualquier mediación corporativa, es la expresión coherente de esa perspectiva.

Entre la sociedad de las clases y la sociedad de los individuos se interpone un principio de clasificación y un supuesto. El principio de clasificación es el origen de la renta que dota de un contenido objetivamente determinable a las clases sociales. El supuesto es que este contorno implica una conciencia específica que hace de las clases actores sociales definidos. Esa conciencia es la expresión de intereses objetivos cuyas claves se encuentran en las relaciones estructurales entre los contornos materiales de la renta. El individuo, por el contrario, está anclado en el mercado y, en este sentido, nada diferencia a un individuo de otro. También el individuo tiene su específica conciencia basada en los intereses objetivos, determinados por su posición en el mercado. Desde esa conciencia, el individuo adquiere realidad social.

Así, pues, el hecho decisivo en la configuración del orden social es la conciencia, anclada, en ambos casos, sobre un contorno material. Ambas formas de conciencia tienen un punto de cruce en la medida en que se caracterizan por la persecución de sus propios intereses. Divergen en cuanto a su resultado distinto. La conciencia de clase comporta una organización específica del orden social, ya sea conservando el vigente ya proyectándose en uno alternativo. La conciencia individual converge, por el contrario, en la ratificación armónica del orden vigente.

Este cruce y esta divergencia señalan el modo en el que ambas formas de conciencia pueden relacionarse. En un caso poniendo de manifiesto su oposición exterior. Lo que las diferencia es el contenido de esos intereses, pero no el mecanismo de enlace con la subjetividad de los individuos. Éstos, ya sean individuos o individuos miembros de una clase social, persiguen sus propios intereses sobre la base de la búsqueda de la utilidad. En este sentido, uno y otro reproducen el mismo comportamiento racional que supone buscar la utilidad y huir de la desutilidad. Desde esta perspectiva, la alienación, la falsa conciencia, aquello que, en definitiva, hace perseguir falsamente los intereses que no son, explica la divergencia entre unos y otros individuos. La divisoria entre el individuo y la clase es la diferente percepción del objeto de la utilidad, de cuáles son, en definitiva, sus intereses. En otro caso, la oposición apunta también al mecanismo de conexión entre la subjetividad y el objeto de los intereses. La divisoria entre la forma de la conciencia individual y de clase está situada en el principio de utilidad y desutilidad como principio explicativo de la conciencia. Éste es el mecanismo de la forma de la conciencia individual, no el de la forma de la conciencia de clase. La divisoria ya no es un principio psicológico, que es lo que, en definitiva, representa la alienación, sino que lo que se pone en un primer plano es la conexión entre conciencia y orden constituido.

Positivismo y crítica emergen como los puntos de la divergencia que, pasando ahora sobre el sujeto, ya sea el individuo o la clase, apuntan al problema de la ratificación o superación del orden constituido. La jerarquía de los problemas se trastoca. Lo central, desde un punto de vista teórico, no es la cuestión del sujeto, sino la del objeto. El sujeto tiene relevancia práctica en cuanto principio de realidad que hace posible la teoría.

El positivismo, al ratificar lo real, es el mismo principio de realidad. Al describir la ley general del comportamiento humano lo hace en términos tautológicos: el individuo busca el placer y huye del displacer. Al individuo al que se refiere es al individuo abstracto, que comparte por esa abstracción las características de la naturaleza. Su carácter irrefutable como principio radica en esa universalidad. Una vez establecido esto, da lo mismo hablar de individuos que de clases: la clase social busca aquello que le beneficia y huye de lo que le perjudica. Es indiferente que la teología político-ideológica le otorgue a esto un significado diferente. Por tanto, el empirismo ha resuelto el problema del sujeto: éste está ahí y, siempre que cumpla la ley universal del placer y el displacer, el orden se ratifica en todos sus términos. El empirismo comporta una radical escisión entre lo que es y lo que puede ser, entre la práctica pragmática y la utopía, la política del individuo y la política de clase guardan parecidas relaciones con una y otra dimensión. La política del individuo ha reasumido la utopía en aquello que es. La política de clase ha diferenciado entre el momento táctico, aquello que se puede hacer, y el momento estratégico, aquello que debería hacerse. Pero no es más que una imagen ya que el momento táctico-pragmático niega permanentemente el momento estratégico de la utopía. Ésta se transforma en una mera imagen de marca, residual, devaluada y sólo mantenida por nostalgia.

La crítica, por el contrario, proyecta el deber ser como alternativa al ser de la sociedad presente. Un deber ser que no es el despliegue necesario, empíricamente determinable, de lo que es actualmente vigente. El nexo entre el presente y el futuro es exterior, debiendo únicamente cumplir una doble condición de posibilidad. Primera, que sea materialmente posible y, segunda, que sea políticamente viable. La posibilidad material hace referencia a la presencia de los elementos materiales sobre los que articular el modo de producción. La viabilidad política a que la propuesta teórica sea sustentada por un sujeto capaz de hacerla real.

En este contexto, la clase social, sujeto de la viabilidad del proyecto, cobra una relevancia diferente a la que tenía en el contexto anterior. El sujeto ya no es lo dado, ya no es la clase social portadora de intereses específicos cuyo cumplimiento diluye el presente y construye el socialismo. Por el contrario, la clase social se construye a partir del proyecto de disolución del orden social. La clase social es el centro del momento práctico de la teoría. No es lo dado, sino lo por construir. En definitiva, lo que ocupa el lugar central del proyecto político del socialismo. La conciencia no es, pues, un dato innato en la clase obrera, sino el hecho exterior que se construye exteriormente. Se produce así una doble ruptura. Primero, con la identificación entre clase social y contorno material y, segundo, con la relación utilitaria entre los propios intereses objetivos y el interés general. La crítica marca, de este modo, el punto radical de ruptura entre el orden de la sociedad de individuos y el orden de la sociedad de clases.

Están, pues, dibujados dos planos. Uno positivo, descriptivo, en el que el orden de las clases y de los individuos diverge externamente, pero tienen en común que tanto uno como otro están dados. Sin embargo, la firmeza de lo dado es únicamente aparente ya que su forma es exterior a esa objetividad y es producto de una categoría subjetiva. El principio de clasificación, subjetivamente establecido, es el que determina la forma de ese orden. Las clases sociales se ordenan y cobran realidad desde el principio subjetivo de clasificación. Aquello que determina el analista que sean las clases sociales así como sus relaciones, cobra presencia en la teoría. El principio de clasificación es aplicable a individuos y grupos sociales. Por el contrario, desde la crítica el problema es otro. Las clases sociales son construcciones políticas y que se presentan al analista como realidades. Aquí hay dos momentos claramente definidos: uno, el momento político de la construcción, y otro, el momento del análisis. Éste se limita a registrar pasivamente lo que el momento político ha determinado.

Son, pues, perspectivas diferentes. Desde una se construyen las clases sociales como aplicación de categorías previas; desde la otra se registran las clases sociales como realidades políticas exteriores. En un caso, la clase social se construye y describe desde el punto de vista de su composición técnica. Ésta es la rejilla subjetiva, la red de categorías que encuadra a los individuos. En el otro caso se habla de la clase social desde la perspectiva de su composición político-organizativa.

La clase obrera es descriptible en términos tanto analíticos como políticos. Desde el primer punto de vista, lo que sea la clase obrera es producto de la previa decisión del análisis. La decisión sobre los parámetros que sirven para identificarla y no su aplicación constituyen la clave de la caracterización de la clase obrera. En este sentido es una creación de la teoría. Desde el segundo punto de vista, la clase obrera es una realidad que se impone al análisis. Su historia es, entonces, la historia del movimiento obrero. La función del análisis es la de registrar aquello que es la clase obrera.

Lo que se vislumbra son, pues, órdenes completamente separadas. La clase social como una construcción del análisis no interrumpe el hecho de que la sociedad es un agregado de individuos. Y no lo interrumpe en cuanto que del principio de la clasificación no se siguen formas propias de conciencia. El estar encuadrado en una clase social es un acontecimiento al cual es ajeno el individuo. Y en este contexto el análisis puede poner de manifiesto que individuos agrupados en una misma clase social no coinciden más que en aquello que ha servido para agruparlos homogéneamente. Así, quienes en el análisis han sido agrupados como trabajadores, no tienen por qué registrar un comportamiento uniforme en el campo político, ideológico o en el de las relaciones sociales. En el otro extremo, la clase social identifica al individuo. El trabajador en el proceso de producción, el individuo en la sociedad y el ciudadano en la política, se unifican en el obrero. El discurso militante, que relaciona coherentemente esas dimensiones es, entonces, la expresión discursiva de la clase social.

El capitalismo por sí mismo no produce ni un orden de individuos ni un orden de clases. Sin embargo, no es indiferente a la constitución de uno u otro. Es en el cumplimiento de las propuestas de la teoría positiva donde encuentra las condiciones óptimas para su desarrollo. Dicha teoría lo describe como una relación técnica de la cual se deriva una determinada racionalidad cuyo cumplimiento —independientemente de los efectos que pueda tener sobre los individuos y sus relaciones— es una ineludible necesidad para el individuo. La crítica, por el contrario, lo describe como una relación basada en la subordinación de una clase a otra. La efectiva explicitación de esa relación trastoca en conflictiva la producción y reproducción del capital.

El ciudadano y el obrero son el prototipo de relaciones sociales distintas. En este contexto, la desestructuración de la clase obrera es su disolución en un orden de ciudadanos. Sin embargo, el ciudadano no es el presente del pasado constituido por obreros. En otras palabras, la desestructuración de la clase obrera no es la descripción de un proceso histórico, sino la descripción de la distancia entre una metáfora —la sociedad en la que existe la clase obrera— y el soporte real de esta metáfora: la sociedad de los ciudadanos.

II

CRISIS Y REORGANIZACION
DE LA FUERZA DE TRABAJO

1
LA TRANSICION AL MODELO LIBERAL

A partir de 1977 se inicia un proceso de reestructuración cuyo desarrollo tiene lugar en la década de los ochenta. La estabilidad del período de los sesenta se rompe. Inflación, desempleo, reducción de la actividad económica, etc., se encadenan en una espiral de inestabilidad [1]. La crisis que se abre a comienzos de los setenta volvió en buena medida a recrear el problema que se planteó en las economías desarrolladas de los años treinta y cuya solución supuso la reorganización del modelo de organización económico-social. La concentración y centralización del aparato productivo, la intervención del Estado, la generalización del consumo de masas fueron las líneas sobre las que tuvo lugar esta reorganización.

El keynesianismo [2] jugó un papel central como teoría económica de ese nuevo modelo. Su peculiaridad consistió en el establecimiento de un orden de prioridades diferentes en el tratamiento de la crisis. En efecto, el desempleo se ponía como la manifestación de la crisis. La ortodoxia económica proponía un rodeo para solucionar este problema. El relanzamiento de la oferta, la consecución de un nuevo marco de rentabilidad constituían las condiciones para la eliminación del desempleo. Lo novedoso del keynesianismo es que invierte el orden. Ahora el pleno empleo no era la consecuencia del desarrollo económico equilibrado, sino su condición. Esto se establecía en el contexto de un diagnóstico

---

1. La magnitud de cada uno de estos fenómenos, no es homogénea para todas las economías, ni sigue, tanto desde el punto de vista cronológico como del de su relación entre sí, unas mismas pautas. Si bien se puede emitir un diagnóstico general de la crisis económica, ésta se manifiesta con diferentes caracteres, ritmos e intensidad. Cabe, por tanto, hablar de factores diferenciales en la crisis que han ido agudizándose a medida que ha pasado el tiempo.

2. Se han agrupado bajo el rótulo de «keynesianismo» a aquellas políticas que ponían el énfasis en la recuperación económica por la vía de la recuperación de la demanda. Políticas que tienen en la obra de Keynes su argumentación teórica más representativa.

que difería radicalmente del diagnóstico de la ortodoxia económica. Para Keynes, la crisis era el resultado lógico del funcionamiento del mercado y en consecuencia sólo su administración política podría superar la crisis. De este modo daba prioridad al problema del desempleo e intervención en la economía, con lo que se configuraban las líneas de un modelo económico-social diferente al propuesto hasta entonces por los neoclásicos.

El keynesianismo como teoría se explicaba desde las condiciones sociales de los años treinta. Estas condiciones son de orden diverso. Desde el punto de vista del mercado, las transformaciones técnico-productivas crearon las condiciones para la producción en masa. Producción que era incompatible con un modelo de desarrollo económico que se basaba en el crecimiento del beneficio a partir de la reducción de los costes salariales. Esto cortocircuitaba una eventual expansión de la demanda que era, desde el punto de vista de la producción en masa, condición indispensable para el equilibrio económico. El keynesianismo, con su énfasis en la demanda, era la respuesta desde la teoría económica a los problemas de estrangulamiento de la producción.

También desde el punto de vista político, el modelo liberal mostraba grandes limitaciones. La revolución soviética había puesto de manifiesto que la sociedad de ciudadanos libres e iguales no era más que la apariencia ideológica de la dominación del capital sobre el trabajo. Mostró que la clase obrera era una realidad política susceptible de encarnar un principio de organización social diferente. En los años siguientes, el papel central de la izquierda en la lucha contra el fascismo vino a reforzar la presencia política de la clase obrera en las sociedades capitalistas. Estos procesos abrieron la cuestión de la integración de la clase obrera como condición para la estabilidad política del sistema democrático liberal. Esto suponía, desde el punto de vista político, el reconocimiento institucional de las organizaciones de la clase obrera y, desde el punto de vista económico, la imposibilidad de practicar una política marcadamente antiobrera.

La teoría de Keynes permitía el cumplimiento de ambas condiciones. El crecimiento de los salarios era la condición para el crecimiento de la demanda. Esto, que era funcional desde el punto de vista de la economía, entraba en colisión con los intereses de los capitalistas individuales, para los que los altos salarios recortaban sus posibilidades de beneficio. Como Keynes puso de manifiesto, existía, por tanto, una contradicción entre los intereses individuales del capital y la totalidad del proceso económico. Los sindicatos aparecían, en este contexto, como elementos de mediación entre los capitalistas individuales y el conjunto del capitalismo. Por tanto, el reconocimiento institucional de los sindicatos no sólo resolvía un problema político, sino que además eran un factor del desarrollo económico.

Los años sesenta señalan la vigencia de los planteamientos keynesianos [3]. Su aspecto más relevante era la intervención del Estado en el proceso económico-social [4]. El Estado venía a cumplir dos funciones. Por una parte, actuaba como gestor colectivo en ciertos sectores de la economía, inaugurando un proceso de intervención y expansión del sector público completamente extraño en la etapa anterior. Por otra parte, por medio del desarrollo de su vertiente asistencial, contribuía a estabilizar y legitimar el orden social.

Esta estructura de intervención se mantuvo estable en el período de auge económico de los años sesenta. Sin embargo devino inestable, actuando como factor de desequilibrio, a medida que se agudizaba la crisis de la década de los setenta. Esto, junto al crecimiento del desempleo y la inflación, van a concluir en la dificultad de continuar las pautas keynesianas de desarrollo. Todo intento de vincular desempleo y crecimiento económico, en los términos de la gramática keynesiana, resultaba inviable.

Como consecuencia de todo ello se abre, tanto desde el punto de vista material como teórico, la cuestión, anteriormente cerrada, de la nueva lógica que debía regir el desarrollo económico [5]. Un

---

3. La nueva etapa del desarrollo económico, iniciada a partir de los años sesenta, parecía preludiar el fin de la vieja sociedad industrial y diluir, por tanto, los rasgos característicos del capitalismo. Esto dio lugar, en los años de plena vigencia del keynesianismo, a una teorización académica en términos de nueva sociedad: postindustrial, postmoderna, tecnotrónica, etc. Rostow, Bell, Touraine, etc., que con intenciones y desde perspectivas distintas coincidieron en señalar el fin del conflicto social tal como se venía entendiendo hasta entonces y la emergencia de un nuevo orden social.

4. Esta intervención inspiraba, incluso, el mismo modelo de organización constitucional, el Estado Social de Derecho. La inauguración de esta modalidad en la reconstruida Alemania Occidental tenía un carácter emblemático, pues señalaba la emergencia de un nuevo orden caracterizado, por sus partidarios, como equidistante tanto del capitalismo liberal como del comunismo, y que cristalizó en formaciones políticas fuertemente estatalizadas.

5. La crisis que se desencadena en la década de los setenta tiene una compleja etiología. Brevemente pueden citarse los siguientes factores que configuran la crisis: 1) Subida de los precios de la energía. Esquemáticamente se desencadenó una secuencia que vinculaba la subida del precio de la energía con la reestructuración del sistema productivo. El aumento del coste de la energía se traduce en un aumento de los precios que implica, si se estabiliza la demanda, una reducción de la rentabilidad del capital. El descenso de la rentabilidad puede compensarse reduciendo el volumen de producción o el coste de los demás factores. Esto supone la reestructuración del sistema industrial. 2) La irrupción de los países en vías

nuevo diagnóstico sobre las causas de la crisis se impone progresivamente. Éste sitúa el origen del desequilibrio económico en dos puntos: el crecimiento de coste del factor trabajo y el crecimiento de los gastos del Estado. Ambos convergen en el crecimiento conjunto de la inflación y el desempleo. Es un diagnóstico que se unifica a partir de la caracterización de la crisis como crisis de oferta. Esto marca la diferencia respecto de la anterior crisis, que fue diagnosticada en términos de crisis de demanda [6].

Este diagnóstico avala la única política económica. Su contenido esencial viene caracterizado en el proyecto de adaptar los factores que intervienen en el mecanismo productivo a las nuevas condiciones de precios y demanda. La orientación central es la de flexibilizar las rigideces en la fijación del precio de los factores y paralelamente restituir al mercado la función de asignar recursos. En este contexto, los síntomas de la crisis —el desempleo y la inflación— se encadenan en un orden determinado. El orden en que pueden relacionarse es susceptible de dos lecturas, implicando cada una de ellas una secuencia diferente. Una, es la lectura ético-política, en la que la solución del desempleo ocupa el primer lugar. Otra, es la lectura técnico-política, en la que la solución de la inflación es la cuestión prioritaria. Ambas lecturas, situadas en el contexto de restitución del mercado en su papel de regulador económico, se distribuyen en un orden en el que la solución de la inflación es la condición para solucionar el desempleo. O, correlativamente, que el plano técnico-político prima sobre el plano ético-político.

La primacía del problema de la inflación conlleva una secuen-

---

de desarrollo. Una serie de factores han hecho posible el que los países atrasados aparezcan como competidores de los países avanzados. Uno de ellos, ha sido la descualificación de una parte importante del proceso de trabajo. El otro, es la posibilidad de fragmentar el proceso productivo, pudiéndose trasvasar aquellas partes que son intensivas en trabajo hacia países atrasados. Y, por último, el bajo valor de cambio de la fuerza de trabajo en estos países, lo que supone una importante reducción de los costes salariales, que actúan como estimulantes para la instalación de manufacturas en esta zona. 3) El creciente poder de las organizaciones sindicales. Esto se tradujo tanto en la subida salarial como en el cuestionamiento de las condiciones de trabajo. 4) El crecimiento del déficit fiscal. 5) El proceso de innovación tecnológica. Estos elementos, que no de inestabilidad económica, cuya característica más relevante es el proceso de la desindustrialización.

6. El diagnóstico de la crisis, a partir de 1977, se centra, en España, en los siguientes puntos: 1) Retraso en el ajuste energético. 2) Desajuste en el crecimiento de los salarios reales en la industria. 3) Caída de la tasa global de ahorro. 4) Crecimiento de los gastos de asistencia social y en general de los gastos públicos por encima de los ingresos. 5) Financiación monetaria del déficit público. 6) Ausencia de una política industrial de ajuste positivo. 7) Rigidez del mercado de trabajo. 8) Empresa pública deficitaria.

cia en la que la política monetaria restrictiva, la reducción del gasto público y la contención salarial, son sus momentos sucesivos. En este contexto se produce un encadenamiento de sucesos, que abarcan desde la reducción del déficit del Estado hasta la reconversión industrial, pasando por la flexibilidad del mercado de trabajo. La política monetaria activa y la flexibilización del mercado de trabajo son los polos en los que se hace visible la reestructuración de las relaciones capital/trabajo.

La crisis es, pues, la transformación del modelo de acumulación. Su resolución no pasa por resolver de forma inmediata aquellos factores que inciden negativamente sobre la fuerza de trabajo: el desempleo y el deterioro de las condiciones salariales. Por el contrario, pasa por una remodelación del mercado de trabajo cuyo objetivo fundamental es la disolución de sus rigideces. Dos son los puntos de la reactivación económica. Uno, es el control de la inflación. Una de las condiciones para ellos es la reducción de la intervención del Estado. Otro, la reestructuración de todo el sistema productivo.

En este planteamiento de la crisis subyace tanto un diagnóstico como un pronóstico, que se imponen como datos objetivos de la realidad. La secuencia desde la política monetaria activa hasta la flexibilización del mercado de trabajo es la lógica inaplazable de los hechos económicos. De modo inmediato surgen dos cuestiones. La primera relativa a las consecuencias sociales de esta secuencia. Es obvio que la flexibilización del mercado de trabajo conlleva la precarización y la degradación de las condiciones de trabajo. Supone, por tanto, una imposición negativa para todos aquellos individuos flexibilizados y en este sentido el pronóstico de la crisis es visto como algo esencialmente negativo. La segunda es la relativa a la objetividad de esta secuencia. Tanto el diagnóstico como el pronóstico están encadenados, son el anverso y el reverso de la misma moneda. La cuestión es si cabe producir otro diagnóstico y, correlativamente, otro pronóstico, si cabe, en definitiva, una configuración distinta de la sociedad de la crisis.

La conexión entre ambas cuestiones se realiza bien desde la ética, clausurando la relación interna, o desde la política, abriendo esta conexión. Desde la ética, esta relación se inscribe en un contexto rasgado por la separación entre la objetividad y la subjetividad. La objetividad es el mundo de las acciones causalmente establecidas. Junto a él, el mundo de la subjetividad. La conexión entre ambos mundos es la que establece el sujeto en cuanto que verifica las consecuencias prácticas del mundo de lo objetivo económico sobre el mundo de lo subjetivo social. La conexión interna entre ambas cuestiones se abre a partir de la recusación de la noción de razón universal. La razón aparece, en contraposición, como una construcción establecida desde una doble referencia. Por una parte, como encadenamiento coherente de proposiciones. Y, por otra parte, como cálculo desde el que se realizan estas proposiciones. Este desdoblamiento de la razón da respuesta inmediata a la segunda cuestión: existen tantas racionalidades económicas como sistemas de proposiciones se establecen. En consecuencia, la secuencia que vincula el diagnóstico con el pronóstico es una secuencia condicionada por el sistema de proposiciones en el que se inscribe.

No existen dos mundos escindidos: el de la objetividad de los hechos económicos y el de la subjetividad de las consecuencias sociales. Las consecuencias sociales son el producto de las relaciones sociales. La secuencia que vincula el diagnóstico con el pronóstico es la expresión exterior de la racionalidad material subyacente.

Se abre así una vía que contempla la sociedad de la crisis como una construcción hecha posible a partir de las relaciones sociales, producto, en definitiva, de una relación política. Pero determinar esta relación como política implica hacerlo en un marco analítico en el que se contengan los supuestos respecto de la sociedad de la crisis.

La teoría económica actúa como un sistema de enunciados desde los que se unifica la práctica política. Por tanto, la sociedad de la crisis, articulada desde la teoría económica del liberalismo, es un producto político, es decir, de la relación de fuerzas entre los distintos sujetos. Esto no es, sin embargo, más que un enunciado ya que la cuestión relevante es la de por qué se produce esta prioridad de la teoría económica liberal. Se trata de una prioridad conquistada a costa de la teoría keynesiana, desde la que se organiza el desarrollo económico anterior, y de la teoría crítica del capital, desde la cual se ponen en un primer plano los efectos sociales negativos de la sociedad de la crisis. La peculiaridad de esta hegemonía es su presentación en términos de principio de realidad. Se trata, por tanto, de establecer cuál es el proceso mediante el cual el modelo neoclásico se ha identificado como principio de realidad de la práctica política.

La determinación del proceso por el cual el modelo liberal deviene hoy principio de realidad nos conduce a desvelar la clave del problema. Se es principio de realidad en la medida en que se es la expresión de aquello que socialmente existe. En otros términos, en cuanto que sólo existe un sujeto social, aquel para el cual el capitalismo como forma de organización social resulta funcional, sólo cabe hablar de una teoría económica que consolida al capitalismo. La teoría crítica del capitalismo es la expresión de sujeto alternativo al capitalismo. Ahora bien, en la medida en que no existe este sujeto, la teoría crítica es mera utopía.

Esta última afirmación suscita dos cuestiones. Una de ellas es la de qué significa existencia social y otra es la del lugar de la clase obrera como sujeto alternativo. Pues si, por una parte, la clase obrera es un producto del capitalismo, por otro lado, la clase obrera pretende articular la negación del capitalismo. Pasar sin solución de continuidad de una a otra cosa sólo es posible hacerlo en el reino de la teleología política, concibiendo lo real como despliegue necesario de la dialéctica de los opuestos. Pero reducida esta dialéctica a la teleología y la teleología a mera teología, se quiebra esa conexión. Como resultado de esta quiebra se produce un doble movimiento: primero, el capitalismo produce a la clase obrera; segundo, la clase obrera sólo puede diluir el capitalismo en la medida en que se autonomice políticamente del capital.

2
CAMBIOS EN LA REGULACION DEL MERCADO DE TRABAJO

La articulación y desarrollo de la sociedad del capital tiene en la transición desde la supeditación formal de trabajo en el capital a la supeditación real uno de sus momentos fundamentales. Esta transición pone de manifiesto cómo el capitalismo no tiene su anclaje exclusivo en la fábrica sino que se reproduce como una relación que permea la totalidad de la estructura económico-social. La intervención del Estado en la regulación del mercado de trabajo se desenvuelve al hilo de este proceso.

Las formas de intervención del Estado son visibles en la referencia a la teoría que define, para cada momento, el contenido de la ortodoxia económica. Keynesianismo y liberalismo han constituido las modalidades recientes de esa intervención. La diferencia entre ambas formas radica en la administración política de la lógica del mercado, en el primer caso, y en la recusación de esta administración, en el segundo caso. Externamente, el liberalismo aparece como una tendencia hacia la privatización de las relaciones económico-sociales. Aparentemente, esto supone la retirada del Estado. Y es sobre esta apariencia sobre la que la ideología liberal proclama el antiestatalismo en la regulación del ciclo económico.

Sin embargo, la privatización de las relaciones económicas sólo es posible con el cumplimiento de determinadas condiciones políticas. Sólo es posible la imposición efectiva del modelo liberal si a su vez es posible un modelo de cálculo salarial regido por las determinaciones de la oferta y la demanda. Para ello debe hacerse real la premisa teórica que subyace en este planteamiento. Premisa que no es otra que la reducción del trabajo a la mercancía fuerza de trabajo. Para ello es necesario reducir a la clase obrera, como realidad político-organizativa, a fuerza de trabajo, como reunión de individuos.

En este contexto cabe leer el proceso de reestructuración del capital en términos de un proceso de desestructuración de la clase obrera. El contenido de este proceso es el de organizar a la fuerza de trabajo desde el punto de vista de las determinaciones del capital. Es un proceso que afecta a dos colectivos diferentes: por una parte, a aquellos trabajadores integrados en el mercado de trabajo y, por otra, a aquéllos que no han conseguido su integración en el mercado de trabajo.

Este proceso de desestructuración de la clase obrera es una larga elipsis cuajada de irracionalidad económica e insolidaridad. Pero sería erróneo deslizarse hacia una representación personalizada de este proceso, en la que los sujetos están repletos de intenciones morales. En unos casos esta escenificación corre el riesgo de derivar en la confrontación entre dos actores. La burguesía, como el Maligno para los antiguos, aparecería aquí como el responsable del ataque a la clase obrera, representación, a su vez, beatífica del ser social. Esta piadosa imagen convierte el análisis en un coro de lamentaciones, imprecaciones y disculpas. Y si este maniqueísmo es la imagen preferida de la iconografía testimonialista, hay otra también preferida por la beatería tecnocrática que culpabiliza a la clase obrera de su insolidaridad interna.

Este proceso tiene una guía exterior que son los cambios en la regulación del mercado de trabajo. Cambios que se inician a mediados de la década de los setenta y que prácticamente finalizan en el último tercio de la década de los ochenta. Es un intenso período en el que se entremezclan leyes, decretos, acuerdos, políticas de empleo, etc., de desarrollo desigual, contradictorio en ocasiones, confuso y que en muchos casos no tiene nada que ver con la voluntad que los inspiró. Todo esto disipa la imagen de una transición nítida desde la regulación keynesiana a la organización liberal del mercado de trabajo [1]. Un análisis atento de los rasgos de esta transición pone de manifiesto que no es el producto unilateral de una voluntad clara y precisa, sino más bien el resultado de un complejo de estrategias mediante las cuales se asegura, refuerza y desarrolla el orden económico-social. Los distintos acuerdos, leyes, decretos, etc., leídos de uno en uno, no revelan un cambio nítido, sino una sucesiva aproximación a la reordenación liberal del mercado de trabajo.

A mediados de la década de los setenta, el desempleo comienza a crecer más allá de lo que se consideraban sus tasas normales.

---

[1]. Transición que se superpone a la transición desde el franquismo a la democracia parlamentaria.

La relación entre inflación y paro se trastoca respecto del período anterior. Ahora ya no tienen crecimientos opuestos, sino que lo hacen en el mismo sentido. Inflación y desempleo superan rápidamente los dos dígitos, quebrando la estabilidad económica de la década anterior. El desempleo se configura a partir de este momento como el problema político central. La necesidad de responder a este problema ha dado lugar al desarrollo de un complejo de políticas de empleo que pueden ser agrupadas en dos grandes momentos. Un primer momento en el que el elemento inspirador giraba básicamente sobre la reducción del tiempo de trabajo. Un segundo momento en el que el objetivo de la política de empleo es el de flexibilizar el mercado de trabajo. El transcurso de la crisis y el cambio en las relaciones sociales pusieron en un primer plano las políticas antiinflacionarias, lo que ha constituido el punto de inflexión desde la primera hacia la segunda modalidad de política de empleo.

Las primeras respuestas desde el Estado al problema del desempleo venían a coincidir con las propuestas sindicales enunciadas en la tesis «trabajar menos, para trabajar todos». Estas propuestas están encaminadas a hacer compatible el problema del desempleo con el mantenimiento del marco jurídico de la contratación laboral, basado fundamentalmente en la estabilidad del empleo [2]. Esto se concretó en distintas políticas de redistribución del empleo, cuyo efecto, sin embargo, fue el de agravar los desequilibrios económicos [3].

Paralelamente a esta intervención del Estado, tuvo lugar el desarrollo de una estrategia empresarial orientada hacia la descentralización de la producción, en unos casos, y al cambio en la estructura de las plantillas, en otros. Ambos procesos no han sido uniformes. Más allá de las diferencias entre los distintos sectores de producción, se ha desarrollado un proceso cuyas líneas centrales se han orientado hacia la descentralización de los procesos

2. Estabilidad cuya tendencia se había acentuado en los comienzos de la década de los setenta.
3. En líneas generales, las políticas de redistribución del empleo descansaban sobre tres medidas: 1) reducción de la jornada laboral; 2) aumento del período de vacaciones; 3) adelanto de la edad de jubilación. Estas políticas chocaron con un triple obstáculo: 1) la reducción del tiempo de trabajo, si no iba acompañada de una reducción proporcional de los salarios, tenía el efecto de encarecer los costes salariales; esto repercutía en la pérdida de competitividad y, por tanto, dificultaba la creación de nuevo empleo; 2) el adelanto de la edad de jubilación grava el déficit del Estado, repercutiendo, con efectos negativos, sobre el proceso económico; 3) el proceso de reindustrialización empezaba a girar, en muchos sectores, sobre actividades intensivas en capital, con el consiguiente crecimiento del desempleo.

productivos con una baja composición orgánica de capital. Este proceso se ha llevado a cabo mediante dos mecanismos. Por una parte, mediante la extensión de la subcontratación. Esto ha dado lugar tanto a la multiplicación de organismos interpuestos entre empleado y empleador, como al desarrollo de la economía sumergida. Por otra parte, mediante el recurso a mecanismos legales de regulación de plantillas, expedientes, despidos y reconversiones.

Esta estrategia empresarial fue impulsando la estratificación del mercado de trabajo en función de la condición jurídica de los trabajadores. Por una parte, trabajadores permanentemente vinculados a la empresa. Son trabajadores cuya estabilidad en el puesto de trabajo está jurídicamente garantizada y que periódicamente negocian, a través de los sindicatos y los comités, sus condiciones salariales. Por otra parte, trabajadores no estables, vinculados a la empresa en forma temporal y que constituyen el puente hacia las formas de trabajo irregular.

Esta progresiva diversificación de la fuerza de trabajo conllevaba cambios tanto en las condiciones jurídico-laborales como en las condiciones salariales. Cambios que comenzaban a tener un doble efecto. Por una parte, en la medida en que los trabajadores eventuales y sumergidos, éstos en mayor medida, carecían de cobertura sindical e institucional que los protegiera, se produce un desplazamiento de la oferta de trabajo hacia ellos como consecuencia de sus menores costes. Por otra parte, reproduce múltiples situaciones diferenciadas contribuyendo a la fragmentación del mercado de trabajo.

Este proceso de fragmentación, así como el desplazamiento de fuerza trabajo hacia las zonas más deterioradas del mercado de trabajo, tuvo un triple efecto. En primer lugar, redujo los costes salariales por cuanto suprimía parcialmente, en el caso de los eventuales y totalmente en el caso de los sumergidos, los costes diferidos. En segundo lugar, permite adaptar la plantilla a las fluctuaciones de la demanda. En tercer lugar, permite aumentar la productividad del trabajo a través de diversos mecanismos: salario a destajo, niveles salariales por debajo de lo legalmente establecido, ausencia garantías jurídico-laborales, etc.

Así pues, cuando se ponían de manifiesto las limitaciones de las políticas estatales de redistribución del empleo, ya existía una nueva dirección en el tratamiento del trabajo por parte del empresariado. En este momento las políticas de empleo cambian su orientación y se transforman en políticas de gestión del desempleo. Ahora el objetivo es la redistribución del empleo existente mediante la flexibilización y precarización de las relaciones laborales. Y en este sentido puede establecerse la siguiente secuencia explicativa de las relaciones entre Estado y gestión privada de la economía, a través de tres momentos. Primero: con los primeros síntomas de la crisis, una parte del empresariado orientó su gestión hacia la flexibilización de hecho del mercado de trabajo. Esto suponía una ruptura, al margen de los mecanismos legales, del marco de las relaciones laborales sancionadas por el Estado. En la medida en que la crisis se fue desarrollando, se iba ampliando la distancia entre la ilegalidad de la gestión empresarial, que sin embargo respondía a reales problemas económicos, y la legalidad de un marco jurídico, que no se ajustaba a las nuevas realidades. Esto dio origen al crecimiento de una franja económica sumergida, en la cual las relaciones laborales estaban situadas al margen de la legalidad. Segundo: las nuevas realidades económicas impulsaron cambios en el sistema de regulación jurídica del mercado de trabajo. Estos cambios permitirán la legalización de una parte de las anteriores situaciones y sentar las bases para un acercamiento entre la práctica impuesta por las realidades económicas y la legalidad sancionada por el Estado. Tercero: desde este momento la dialéctica entre empresariado y Estado entra en una vía de permanente adecuación. Adecuación cuyo resultado final va a ser la apertura del proceso de flexibilización del mercado de trabajo.

Estas tendencias permiten la reducción del coste salarial a través de varios caminos: 1) alargamiento de la jornada e intensificación del trabajo; mecanismos que son posibles allí donde la cobertura institucional del trabajador es débil; 2) reducción de los costes salariales indirectos; 3) trasvase de las cargas salariales al Estado. Esto da lugar al desarrollo tanto de las condiciones para el relanzamiento de la rentabilidad como a la creciente segmentación y división interna de la fuerza de trabajo, lo que a su vez contribuye a socavar las posibles formas de resistencia y respuesta unificada.

Para llegar a ello, habrá que recorrer el camino que va desde una situación laboral en la que la estabilidad es la categoría central a otra en la cual la temporalidad es una norma en crecimiento. Este proceso se inicia a partir de 1977 y su seguimiento pone de manifiesto cómo desde puntos e intenciones distintas se va reordenando el mercado de trabajo en función de la nueva estrategia de valorización del capital. Medidas de fomento del empleo, de moderación salarial, de flexibilización de la contratación, de reconversión industrial, etc., van siendo progresivamente filtradas por la racionalidad económica, que como principio de realidad se impone ineluctablemente a los sujetos sociales, aun cuando, claro está, las consecuencias sean distintas para unos y para otros. Este proceso se inicia en 1977 al hilo de la transición política. La Constitución de 1978 organiza un nuevo marco político y con ello clausura el franquismo. A la vez es el marco en el que se contiene la otra transición: desde el capitalismo en desarrollo de los años sesenta y crisis en los setenta al capitalismo en desarrollo de los años ochenta. En este contexto se despliega un proceso de reordenación del mercado de trabajo que incide sobre una doble situación: 1) la de los individuos que, manteniendo un trabajo estable y determinadas condiciones salariales, afrontan la crisis como un proceso de defensa de lo ya conseguido: para este colectivo los cambios legislativos se perciben como una permanente agresión a su situación; 2) la de los individuos que deben incorporarse al mercado de trabajo, para los cuales esta reordenación abrirá la vía de una integración precaria, pero integración al fin y al cabo, al mercado de trabajo.

La reconstrucción cronológica de este proceso pone de manifiesto los mecanismos de esta transición. En 1977 se firman los Acuerdos de la Moncloa, que aunque son los primeros que se firmarán en años sucesivos resaltan por su singularidad. Los Acuerdos de la Moncloa son un amplio acuerdo de naturaleza económica, social y política. Los acuerdos que se firmarán en años sucesivos tienen un ámbito más restringido. El Acuerdo Marco Interconfederal de 1980 fue suscrito por la patronal y UGT y su ámbito está limitado al salario, como lo fue el Acuerdo Interconfederal dos años más tarde. El Acuerdo Nacional de Empleo de 1981, suscrito además por el Gobierno, incluía la previsión de medidas estatales de fomento del empleo. Al analizar los distintos acuerdos, se observa, pues, entre ellos diferencias tanto relativas al alcance de su contenido como a su propio contenido. Tras los Pactos de la Moncloa no vuelve a firmarse ningún otro acuerdo de alcance político, siendo los demás acuerdos de alcance parcial.

Los Acuerdos de la Moncloa enunciaban respecto del mercado de trabajo tres grandes cuestiones que conocerán sucesivos desarrollos. En primer lugar, la cuestión salarial. Ésta, como reflejo de las condiciones en las que en aquel momento se estaba realizando la transición, se resolvió con un aumento salarial del 20%, que parecía augurar una rápida aproximación de los salarios al alto índice de inflación. Sin embargo, como se pondrá de manifiesto posteriormente, ésta fue la última ocasión en la que se proponía el acercamiento del incremento salarial al incremento de la inflación. En segundo lugar, el crecimiento del desempleo llegaba a un punto en el que presionaba, en el sentido de incrementar los gastos estatales. El avance de la crisis iba dejando al desnudo la encrucijada del Estado Asistencial. Mientras los niveles de desempleo se mantuvieron bajos, era posible una cobertura total a los desempleados. Pero a medida que crece el desempleo, en un contexto además en el que no sólo crecen otras partidas de gastos estatales, sino que el ingreso no aumenta en la misma proporción, disminuye la cobertura del desempleo. De este modo parecía que iba a quebrarse uno de los mecanismos llamados a asegurar la estabilidad política y económica en la crisis. Política, porque impedía la crisis de la legitimidad. Económica, porque estabilizaba el consumo. La disyuntiva parecía presentarse en los siguientes términos: o aumento del empleo mediante la creación de empleo público o seguir manteniendo la misma tasa de cobertura, lo que con un desempleo creciente suponía aumentar los gastos del Estado. En uno y otro caso la expansión del gasto público parecía la única alternativa viable a la crisis de legitimación política del mercado. Éste era el sustrato de la referencia a la cuestión de la cobertura de desempleo. La Ley Básica de Empleo, tres años más tarde, propone un modelo de protección del desempleo acorde con la nueva situación. Para entonces comenzaban a disiparse las propuestas keynesianas como alternativa a la crisis. Tan sólo dos años más tarde, el nuevo realismo económico constataba que la vieja encrucijada era falsa y que el problema de la legitimación podía replantearse en otros términos. La tercera cuestión era la referida al tratamiento prioritario de colectivos específicos: jóvenes que no habían accedido al primer empleo, personas que habían agotado el tiempo de percepción del desempleo, etc. Para ellos, se proponía la creación de puestos de trabajo mediante fórmulas excepcionales de contratación colectiva. Las tasas de desempleo, a esas alturas resultaba obvio, sólo señalaban su verdadero significado cuando se las desagregaba e identificaba a distintos colectivos. Resulta emblemático el caso de los jóvenes, cuyas tasas de desempleo se multiplicaban respecto de las tasas medias y que hace de ellos un sector especialmente marcado por este problema. Estos colectivos, jóvenes, parados, minusválidos, etc., se van a convertir en una suerte de punta de lanza de la flexibilización del mercado de trabajo. Ellos van a ser la coartada sobre la que se argumentará la quiebra de la relativa estabilidad y seguridad del mercado de trabajo, rebautizadas ahora como las rigideces que impiden la integración de nuevos elementos. Como toda coartada ideológica, encierra un silogismo irrefutable: de no alterarse la lógica del proceso de acumulación, resulta evidente que sólo desestabilizando a los que están dentro de él cabe integrar, también desestabilizados, a los que no lo están. Esta coartada argumental encierra, más allá de otras consideraciones, la posibilidad de ahondar las divisiones entre quienes se encuentran en el mercado de trabajo y quienes todavía no han accedido a él.

Los Acuerdos de la Moncloa se sitúan en la encrucijada de la transición tanto desde el franquismo como desde el capitalismo de los años sesenta. La resolución de esta encrucijada, la monarquía constitucional y la regulación liberal del ciclo económico, constituyen la historia de los años siguientes. Años en los que el mercado de trabajo, la pieza fundamental en el mecanismo económico-social, será completamente reorganizado. En este ámbito las tres cuestiones apuntadas en los Acuerdos de la Moncloa son las vías por las que transita esta remodelación.

Al año siguiente, mediante un Real Decreto [4] se introducen las primeras modificaciones en la determinación del salario. Este Real Decreto estableció una banda de incremento salarial, fijando las condiciones para adscribirse a su parte alta o baja. Para ello estableció una serie de condiciones. En primer lugar, vinculó el nivel salarial con el nivel de empleo, introduciéndose la posibilidad de intercambiar empleo por salario o viceversa. En segundo lugar, vinculó el incremento salarial a la productividad. Y en tercer lugar, lo puso en relación con la situación económica de la empresa. Esto último terminará reflejándose, dos años más tarde, en el Acuerdo Marco Interconfederal bajo la forma de la llamada cláusula de descuelgue. En virtud de ella, todas las empresas que presenten situaciones de déficit o de pérdidas sostenidas, pueden fijar su salario al margen de las bandas de incremento salarial.

Este Real Decreto venía a reforzar el principio de diferenciación en los mecanismos de fijación de salarios. Desde el punto de vista de la teoría económica keynesiana, la eficiencia marginal del capital estaba directamente relacionada con la propensión marginal al consumo. A su vez, ésta dependía del mayor o menor grado de diferenciación salarial. A menor diferencia entre los salarios mayor propensión marginal al consumo, mayor eficiencia marginal del capital y por tanto mayor desarrollo económico.

4. R.D. de 28 de diciembre 1978.

Al socaire de esta formulación económica las tendencias, en el movimiento sindical, a la eliminación de las diferencias salariales, aparecían como funcionales desde el punto de vista económico. Las propuestas no sólo de aumento proporcional sino, sobre todo, lineal para acercar los extremos del abanico salarial, lejos de significar una contracción del desarrollo económico, contribuían a impulsarlo. Sin embargo, con los primeros síntomas de la crisis se atacó desde varios frentes la tesis del incremento lineal. Esto encerraba la ruptura de las tendencias hacia la homogeneidad del colectivo de los asalariados. Con ello se abría una vía en la que la diferenciación salarial se ajustaba a una nueva lógica económica, la neoclásica, a la vez que actuaba como un elemento de diferenciación interna entre los trabajadores. Con la eliminación del aumento lineal, cada nueva revisión porcentual abría el abanico salarial profundizando en la diferencia.

A partir de 1978, con la ascensión, lenta al principio, acusada más tarde, pasaba a un primer plano el mecanismo de revisión salarial. Las modalidades fueron múltiples, dependiendo de diversos factores, el más importante de los cuales era la capacidad organizativa [5]. La indiciación salarial había constituido, hasta este momento, un procedimiento mediante el cual se conseguían dos efectos. Uno, el de mantener el salario real, lo que se conseguía mediante el ajuste periódico del salario monetario a la tasa de inflación. Otro, el de mantener la uniformidad de la tasa de incremento del salario monetario. Este doble principio quebró por dos puntos.

En primer lugar, en lo que respecta al mantenimiento del salario real. Salvo en el modelo de la escala móvil, en el que la revisión era automática, el resto de modelos preveían la negociación como mecanismo práctico de ajuste. Con ello se abría un amplio espacio en el que interviene, de modo decisivo, la capacidad de presión, capacidad que es necesario revalidar constantemente. La pérdida de empleo derivada de la crisis y la posibilidad de intercambiar empleo por salario, abonaron en el interior del movimiento obrero la tesis del incremento salarial inferior a la inflación. Éste condujo a que, en la práctica, se produjera una reducción del salario real. Pero, paralelamente, esto no se tradujo en aumento del empleo. De este modo, la caída de la capacidad adquisitiva del salario se vivió como una derrota del movimiento sindical. La conse-

5. En Italia se implantó la escala móvil, que implicaba la revisión automática en función de la inflación. En otros países surgieron mecanismos distintos de indiciación salarial, que suponían distintos grados de automatismo en la negociación.

cuencia fue la reacción del movimiento sindical, cada vez más ceñido a determinados sectores, centrada en la recuperación del poder adquisitivo. Dependiendo de su capacidad de presión y movilización se acercó más o menos a este objetivo. Las posibilidades de recuperar el salario no sólo vinieron por la vía de la presión, sino también por la posibilidad de alargar la jornada de trabajo. Resultaba obvio que el alargamiento de la jornada por parte de quienes tenían trabajo impedía el acceso a los que no lo tenían. La cúpula de las centrales sindicales desplegó su oposición a este alargamiento, pero, sin embargo, en muchos sectores los trabajadores se opusieron a ello, ya que lo veían como un medio para aumentar su poder adquisitivo. Se produce, pues, como consecuencia de la ruptura de la centralidad de la negociación un doble fenómeno: por una parte, ampliar la distancia salarial, y, por otra, profundizar la división entre trabajadores con empleo estable y trabajadores precarizados.

En segundo lugar, al vincular la revisión del salario a la situación de la empresa y a la productividad se introducía un nuevo e importante factor de diferenciación. De este modo, cada nueva revisión salarial provocaba una mayor apertura del abanico salarial en función de las distintas unidades de producción. La particularización de la indicación salarial, al romper la tendencia hacia la uniformidad, debilitó a las grandes centrales sindicales. A este debilitamiento le sigue un reforzamiento de la diferencia y viceversa, entrándose en un proceso autoalimentado cuyo punto final es el modelo liberal de negociación salarial.

Este Real Decreto es el último con estas características, pues a partir de 1980 la regulación salarial se establecerá mediante las fórmulas establecidas por la Constitución de 1978 en su artículo 37 y que en definitiva significan la ratificación constitucional del principio liberal de fijación del salario. Éste tiene una referencia teórica distinta a la keynesiana. Ahora el salario se establece no por factores institucionales, sino por las determinaciones del mercado, mediadas por la distinta capacidad de presión. Se reforzaba con ello una tendencia ya existente, hasta el punto que va a constituirse en uno de los rasgos característicos de la nueva situación. Es posible hablar de una extendida dualización en virtud de la cual unos colectivos negociaban sus condiciones salariales apoyándose en su capacidad organizativa, mientras que a otros les eran impuestas como desarticulada mercancía fuerza de trabajo en un contexto donde la única ley es la de la oferta y la demanda.

A partir de este momento se entra en una negociación salarial con dos características. Primero, es una negociación centrada sobre los límites del crecimiento salarial. Los sucesivos acuerdos de carácter general recogerán las tendencias hacia la moderación en su crecimiento [6]. Segundo, la debilidad de la afiliación sindical y por tanto la reducción del poder efectivo de negociación, traduce el acuerdo salarial alcanzado en los acuerdos en un objetivo que sólo puede materializarse tras una nueva negociación. Es decir, el colectivo de trabajadores debe revalidar dos veces, por así decir, su poder de negociación: una, por intermedio de sus organizaciones, otra, en las distintas ramas y unidades de producción. El debilitamiento de las organizaciones sindicales se traduce en un crecimiento de la distancia entre uno y otro momento. Distancia que no es la misma en todos los sectores. Mientras en los lugares tradicionales de afiliación sindical, como grandes empresas en sectores con larga tradición reivindicativa, el poder de negociación permite ir más allá de los términos del acuerdo centralmente alcanzado, en otros sectores, con una estructura productiva atomizada y descentralizada y donde este poder de negociación es débil o inexistente, los acuerdos generales carecen de sentido. A ello contribuye, además, la cláusula de descuelgue cuya aplicación depende a su vez de múltiples factores explicitados en la negociación. Así, pues, en lo que respecta al salario se va produciendo un cambio desde el modelo institucional al modelo liberal. Cambio que se consolidará en la década de los ochenta.

El ataque al salario mínimo es el ataque a las últimas barreras que impiden la entrada a un modelo plenamente liberal de relaciones laborales [7]. La argumentación en favor de su desaparición pone de manifiesto las peculiaridades del discurso económico político-liberal. Éste se despliega como una argumentación parabólica en la que la clave visible del razonamiento es la necesidad de resolver con medidas excepcionales un problema excepcional: el desempleo. La eliminación del salario mínimo, y de modo particular para los jóvenes como colectivo más afectado, significa, en esta perspectiva, eliminar una de las barreras que obstaculizan la contratación. Sentado este principio no existe ninguna razón para no extenderlo a otros colectivos. Esta utilización de colectivos especialmente atacados por la crisis, como argumento para la libe-

---

6. El A.M.I., en 1980, lo limitaba a una banda entre el 13% y el 15%. Un año más tarde el A.N.E. supuso por vez primera una reducción de los costes reales del trabajo. El Acuerdo Interconfederal del año siguiente ratifica esta tendencia.
7. La figura del salario mínimo constituye, desde la perspectiva de la nueva ortodoxia económica, un rasgo proteccionista que obstaculiza la transparencia del mercado.

ralización del mercado, es una característica que se repite una y otra vez a lo largo de este proceso. No es un producto del cinismo, sino de la mirada funcionarial de quien se instala en la inevitabilidad de la lógica económico-social.

Junto a la progresiva implantación del modelo liberal de determinación del salario, se producirá una tendencia a la socialización de los costes salariales. Una serie de medidas irán encaminadas en este sentido. En 1977, la Ley de Medidas Urgentes de la Reforma Fiscal establece, entre otras cosas, la posibilidad de deducción tanto de la cuota como de la base imponible de determinados impuestos de todas aquellas actividades empresariales que crearan puestos de trabajo en zonas específicas. Esta tendencia, bajo el paraguas de las medidas de fomento del empleo, se amplía en los años siguientes. Éstas prevén una serie de mecanismos con un efecto económico en dos direcciones. Por una parte, la subvención estatal al empleo supone una reducción del coste salarial directo. Esta subvención puede venir por la vía de la desgravación fiscal o por la vía de ayudas al empleo creado. Por otra parte, mediante la reducción de las cuotas de la Seguridad Social. El A.N.E., en 1981, el A.E.S., en 1984 y decretos sucesivos en años posteriores van a incidir en ambas direcciones.

Así, pues, se estaba produciendo al mismo tiempo un doble movimiento. Por una parte, el desarrollo del modelo liberal de determinación del salario, con sus tendencias implícitas hacia la dualización, que tiene como reverso la dispersión político-organizativa de la fuerza de trabajo. Para aquellos sectores que se han visto reducidos a la condición de mercancía, esto se traduce en una caída del coste del salario real, e incluso, en las situaciones más degradadas, en una baja del salario monetario. Por otra parte, la socialización —sobre todo en los sectores más desarrollados— de una parte del salario. Se trata de un movimiento aparentemente contradictorio pero que sin embargo proporciona la clave que rige este proceso. Y es que el modelo liberal de fijación salarial está inscrito en la estrategia de relanzamiento del proceso de acumulación a partir de la privatización de la actividad económica. Pero una privatización que lo que realmente significa es la ordenación económica en función de la lógica del mercado, poniendo fin a su administración externa. De ahí que privatización, subvención estatal del coste salarial y liberalización del modelo de fijación salarial sean secuencias de un mismo proceso. En definitiva, la regulación de la crisis está produciendo una suerte de comunismo invertido, pues lo que en él se socializa y expropia es la fuerza de trabajo.

El Estatuto de los Trabajadores, aprobado en 1979, representa el punto de no retorno en esta transición. En él se contienen, en unos casos completamente explicitados y en otros implícitamente, los principales trazos de la reforma del mercado de trabajo. Su discusión y aprobación se produjo en un contexto conflictivo y en el que se pusieron de manifiesto algunos de los rasgos de la nueva ideología política. El más llamativo de todos ellos lo constituyó la argumentación acerca de lo que significaba el Estatuto. Para amplios sectores —patronal, banca, políticos y, en general, para todos aquellos que asumieron la inevitabilidad de la racionalidad económica del mercado—, el Estatuto tenía una inequívoca significación democrática. Significaba, según esto, ni más ni menos la adecuación de la legislación laboral al nuevo marco democrático. Era, según esto, la concreción de la transición en el campo de las relaciones laborales. Sólo el corporativismo, se argumentaba, de la franquista democracia orgánica, podía oponerse a esta nueva regulación democrática del mercado de trabajo.

Esta afirmación contenía una referencia real, en cuanto ponía de manifiesto la naturaleza de la transición. Ésta había supuesto la introducción del principio electoral en la designación de cargos públicos y a la vez el acceso hacia una nueva regulación del capitalismo. En ambos casos se había producido una ruptura respecto del pasado. Política respecto del franquismo y económica respecto de las formas de regulación del mercado de trabajo. La convergencia de las dos transiciones hacía coincidir la estabilidad del mercado de trabajo con el franquismo y la ruptura de esta estabilidad con la democracia. En este sentido, el Estatuto de los Trabajadores se inscribe como una pieza importante en la transición desde una a otra forma de organización. Una transición que no sólo ha tenido lugar en España sino también en otros países. Éste es el verdadero significado del Estatuto y en la medida en que se entiende el sentido de la transición, resulta congruente la afirmación de que es la adecuación de la legislación laboral al nuevo marco político económico. El resto es una pirueta ideológica construida a partir de la identificación entre libertad de mercado y libertad política.

El Estatuto de los Trabajadores va a tener un doble efecto. Por una parte, abrir el camino hacia la flexibilización del mercado de trabajo. Por otra parte, supone el desarrollo de una serie de mecanismos cuyo resultado final es el reforzamiento de la gerencia en el proceso de trabajo. La organización sindical en la fábrica implicó en los años setenta el desarrollo de tendencias hacia el control del proceso de trabajo [8]. Esto, que desde la óptica sindical era la democratización del proceso productivo, era, desde la lógica económica, la anarquía. Poner fin a la anarquía como una exigencia en la nueva regulación del capital. El Estatuto de los Trabajadores proporcionó los instrumentos formales para la reimplantación de este control.

Leído aisladamente, el Estatuto ratifica la estabilidad y sólo contempla, de forma residual, la precariedad. Así, su artículo 7 establece que los contratos de trabajo serán indefinidos «salvo prueba en contrario que acredite la naturaleza temporal del contrato». Pero, a su vez, esta declaración de la preeminencia del contrato indefinido encierra la posibilidad del desarrollo alternativo de contratos no indefinidos. Y esto es lo que hace el Estatuto, siempre con carácter excepcional, a lo largo de su articulado. En él se regulan los contratos en prácticas, los contratos temporales de trabajo a tiempo parcial y los contratos temporales para obras y servicios, eventuales y por circunstancias de la producción.

El Estatuto establecía tres limitaciones a la contratación laboral no indefinida. En primer lugar, la circunscribía a un reducido grupo de individuos, siempre, además, con carácter excepcional. En segundo lugar, limitaba la contratación temporal en función del volumen de la plantilla de trabajadores. Cuanto mayor era el número de trabajadores fijos en plantilla menor era el porcentaje de trabajadores, y viceversa. Y, finalmente, salvaguardaba los vigentes contratos indefinidos, de tal forma que la temporalidad sólo era aplicable a las nuevas contrataciones. Sin embargo, el desarrollo legislativo posterior que culminará cinco años más tarde en la reforma del Estatuto, romperá alguna de estas limitaciones. De este modo, si en el Estatuto la estabilidad seguía siendo la norma frente a la temporalidad, en la reforma se abrirán las vías para la extensión de la temporalidad.

El proceso que transcurre en estos cinco años es sumamente ilustrativo de la naturaleza de los mecanismos que han ido operando en este período. Por una parte, se encuentra un desarrollo del Estatuto que progresivamente normaliza la excepcionalidad. Y, por otra parte, se encuentra la posibilidad empresarial de administrar el ilegalismo. Es decir, la lógica de la racionalidad econó-

---

[8]. El taylorismo había supuesto la transferencia del control técnico del proceso de trabajo hacia la gerencia. La configuración del trabajador en la cadena de montaje planteó el problema del mantenimiento de este control. El movimiento sindical incorporó a sus reivindicaciones las del control del proceso técnico de trabajo. En los años sesenta, el sabotaje, el frenado, etc., fueron manifestaciones del cuestionamiento de ese control.

mica no sólo se impone mediante la ley, sino que cubre las transgresiones de la legalidad. Continúa en este período la adecuación de la legalidad a la práctica flexibilizadora de la gestión empresarial, a la vez que con ello se abren nuevas posibilidades de flexibilización. Los organismos estatales de control de la legalidad laboral van alineando su actuación de acuerdo con la prioridad de la lógica de la producción. Todo ello, una vez más, en el contexto de la mirada funcionarial del proceso económico: todo aquello que puede obstaculizar el proceso de producción perjudica el relanzamiento económico y por tanto la creación de nuevo empleo. El espacio del trabajo, rehén de sí mismo, resuelve su esquizofrenia añadiendo nuevas líneas de separación, profundizando en la quiebra de la solidaridad interna.

Al año siguiente, la Ley Básica de Empleo vuelve a insistir en la creación de empleo mediante contratos temporales de colaboración social. Al año siguiente, 1981, un real decreto amplía las posibilidades de contratación temporal, generalizándola para individuos de edad avanzada, con capacidad laboral disminuida, desempleados o que acceden al primer empleo.

Este decreto, aparecido en el mes de julio, se presentaba a sí mismo como excepcional por cuanto que contenía el término de su validez. Según su enunciado, sus efectos sólo tenían validez por un período de seis meses. Sin embargo, finalizado este período, su validez fue prorrogada por otros seis meses. Justo hasta la aparición de un nuevo real decreto, en el mes de julio, en el que se ampliaba otra vez la posibilidad de contratación temporal. En él se hacía referencia a nuevos colectivos: trabajadores que han agotado las prestaciones por desempleo, fomento del empleo para trabajadores minusválidos, fomento del empleo para mujeres con cargas familiares. En este real decreto se acotaban los límites de su validez temporal. Reglamentaba el régimen jurídico de los contratos temporales que se iban a celebrar hasta el último día del año. Una nueva prórroga en 1983, ya con otro Gobierno, conectaba estas sucesivas renovaciones con la reforma del Estatuto al año siguiente.

El objeto de esta reforma fue, según su propio enunciado, «la eliminación de las restricciones a la contratación temporal». Se pretende con ello, sigue el enunciado, que las empresas puedan satisfacer sin limitaciones sus necesidades temporales de mano de obra. Los aspectos más importantes de esta reforma fueron: 1) la posibilidad de contratar temporalmente a toda clase categorías de trabajadores; 2) eliminación de los topes de la contratación temporal en función de las plantillas fijas de la empresa; 3) aumento de la duración máxima de los contratos temporales de dos a tres años.

El camino desde el Estatuto a su reforma no es más que otro ejemplo que revela la peculiaridad del tratamiento legislativo del trabajo. Por una parte, mediante desarrollos legislativos excepcionales que luego se normalizan y, por otra, mediante una permanente adecuación de la legislación a la práctica empresarial de la gestión del trabajo. Esto pone de manifiesto el papel estratégico del ilegalismo y lo ilusorio de la visión que identifica el poder exclusivamente con la legalidad.

Pero el Estatuto de los Trabajadores no sólo es un importante punto de inflexión en la flexibilización del mercado de trabajo, sino que también lo es en la reordenación autoritaria de las relaciones laborales. Y lo hace, primero, sustrayendo el principio de productividad a cualquier otra consideración, subordinando a él la regulación y organización de la plantilla; y, en segundo lugar, simplificando los mecanismos de reducción del empleo fijo.

El Estatuto amplía las causas del llamado «despido objetivo». Y en este sentido es la continuación de un decreto ley de 1977, sobre relaciones de trabajo. Este real decreto establecía cuatro motivos que justificaban el despido objetivo. Éstos eran: 1) ineptitud el trabajador; 2) absentismo; 3) falta de adaptación del trabajador a las modificaciones técnicas introducidas por la empresa; 4) amortización individual del puesto de trabajo. El Estatuto ratificaba las tres primeras causas y modificaba, en un sentido más estricto, lo referente al absentismo.

El Estatuto, al ratificar las tres primeras causas, no hacía más que ratificar no sólo el carácter de la intervención. La historia de las relaciones laborales recoge multitud de momentos en los que el conflicto se polarizaba en torno a la sustitución del trabajo por capital. El ejemplo más conocido es el de la lucha sindical de los trabajadores de oficio para impedir la introducción de maquinaria que pudiera implicar un proceso tanto de descualificación como de reducción del volumen de la fuerza de trabajo. En esta ocasión fue la organización científica del trabajo el mecanismo que permitió la introducción masiva de maquinaria. Ahora es la legislación estatal que, bajo la referencia a las condiciones de producción, resuelve el conflicto entorno a las consecuencias sociales del aumento de la capacidad productiva.

En esta misma línea, simplifica los mecanismos legales de reestructuración global de la plantilla. Así, modifica la tramitación de los expedientes de crisis en el punto en el que se abría la posibilidad de intervención sindical: el requisito del contrainforme de los trabajadores. Este requisito es ahora sustituido, en las empresas de más de cincuenta trabajadores, por el informe de un censor jurado de cuentas, mientras que en las empresas de menos de cincuenta trabajadores basta con la notificación individualizada a cada trabajador. De este modo, las organizaciones sindicales son marginadas de un proceso en el que en los años anteriores habían jugado un destacado papel. Con ello, el único punto de discusión es la racionalidad económica que, administrada tanto por una instancia exterior —en el caso del censor jurado de cuentas— como por una instancia interior —el empresario—, conduce a análogos resultados. Marginados de este proceso, los sindicatos pierden funcionalidad para el trabajador, acelerando su caída de afiliación.

Igualmente, permite una más amplia movilidad de la plantilla, por cuanto que modifica sus requisitos. Así, en el caso de movilidad interna, basta con la simple notificación, mientras que la movilidad geográfica sólo permite el recurso una vez que el trabajador se ha incorporado al nuevo destino.

Esta supeditación del trabajo a la organización de la producción vendrá reforzada, tres años más tarde, por la Ley de Reconversión Industrial. Ésta establecía, entre otras cosas, que la determinación de un sector como sujeto a reconversión por causas tecnológicas y económicas permite modificaciones, suspensiones y extinciones de contrato, así como movilidad de la mano de obra. Viene a establecer una suerte de estado de excepción en el que los derechos sindicales de los trabajadores sólo son una referencia válida en el exterior de la fábrica.

En 1980 se promulga la Ley Básica de Empleo, con lo que se aborda el tercer aspecto de esta reestructuración del mercado de trabajo. Su objetivo, en lo que se refiere al tratamiento del desempleo, es el de modificar, en un sentido fuertemente restrictivo, la cobertura del desempleo establecida en 1974 por la Ley de Seguridad Social. Los rasgos más importantes de la nueva ley son: en primer lugar, el vincular estrechamente la duración de las prestaciones por desempleo y el periodo anterior de ocupación; en segundo lugar, fijar un límite máximo a la cuantía de las prestaciones a la vez que las hace decrecientes en el tiempo; y en tercer lugar, el establecimiento, con carácter excepcional, de un subsidio asistencial. En los años siguientes se producirá, como efecto combinado del aumento del desempleo y la aplicación de la ley, una continua disminución de las prestaciones económicas, precarizando todavía más al colectivo de parados. La cobertura del desempleo se sitúa, tres años más tarde, en torno al 30%. La reforma de la ley tenía como objetivo paliar esta situación. Para ello se establece tanto un aumento de la duración máxima del desempleo, como el establecimiento de un subsidio indefinido a los mayores de cincuenta años.

Las nuevas reformas del subsidio de desempleo tienden a dar tratamientos diferenciados al colectivo de parados. De este modo, es posible compaginar altas tasas de paro, reducción de las transferencias estatales y mantenimiento del orden político. El conjunto de los desempleados aparecerá internamente estratificado según múltiples líneas de demarcación. La edad, la procedencia y la localización geográfica, son las principales líneas divisorias. Así, junto a colectivos de jóvenes que no perciben ningún tipo de subsidio, se sitúan aquellos, mayores de cincuenta y cinco años, que lo perciben de modo indefinido. La procedencia por sectores es otro elemento importante de diferenciación. Los trabajadores procedentes de sectores con baja concentración y con débil capacidad organizativa, se integran en el mundo del subsidio en condiciones distintas de las que provienen de sectores, por ejemplo, la siderurgia, con una gran capacidad organizativa. Éstos, al perder su puesto de trabajo, se integran en ocasiones en los fondos de promoción de empleo, cuyas condiciones son sensiblemente superiores al resto de los desempleados. Y, por último, la localización geográfica diferencia también a los desempleados. En aquellas zonas donde el paro está fuertemente concentrado y afecta a un importante porcentaje de la población —Andalucía, por ejemplo— la cobertura del desempleo suele ser mayor. Por el contrario, allí donde el paro está disperso —grandes zonas urbanas— la cobertura del desempleo es menor.

La reforma en la prestación del subsidio de desempleo pone de manifiesto lo siguiente. Primero: el crecimiento de las tasas de desempleo, en el contexto del creciente déficit fiscal del Estado, no ha producido una crisis de legitimidad política. En términos globales, ha descendido la tasa de cobertura, pero esto ha sido compensado por una administración selectiva del subsidio de desempleo. Administración condicionada, en gran parte, por factores políticos, lo que pone de manifiesto la persistencia de la intervención del Estado en el proceso de reproducción social. Lo que separa a un período de otro es precisamente la administración de la estrategia de la diferenciación. Segundo: la condición de parado como distinta del ocupado está cada vez más determinada por factores administrativos en lo que respecta a una amplia franja del mercado de trabajo. Todo intento de agrupar sobre determinaciones económico-sociales al colectivo de parados, tratando de distinguirlo de los ocupados, muestra la existencia de una franja difusa en la que los segmentos de unos y otros se entremezclan.

3
EL PROCESO DE SEGMENTACION

Tanto el desarrollo de la gestión empresarial como el despliegue legislativo que venía a ratificarlo y a abrir nuevas posibilidades, se han llevado a cabo en un contexto de progresiva pacificación laboral. A partir del período 1973-1975, hasta comienzos de la década de los ochenta, se va a producir un importante cambio en la fisonomía del conflicto laboral. En él destacan dos rasgos: en primer lugar, la práctica desaparición de las huelgas de solidaridad; en segundo lugar, una suerte de focalización del conflicto. Esto da como resultado un mapa de la conflictividad laboral en el que se alternan espacios muy conflictivos con espacios que no lo son, separados unos y otros por una hermética barrera.

Estos cambios en la fisonomía del conflicto, así como la quiebra del marco jurídico anterior, se explica, en parte, cuando se analiza este proceso en perspectiva. En 1973, como punto de inicio de la crisis, vienen a converger dos tendencias. Por una parte, los sectores que en el período anterior habían expandido el empleo, dejan de hacerlo. Y lo hacen, bien porque existe una contracción de la demanda, bien porque se inicia un proceso de reconversión tecnológica que aumenta su capacidad productiva. En estos sectores se inicia una lenta pérdida de empleo asalariado. Por otra parte, se asiste en los años siguientes a la incorporación de nuevos elementos al mercado de trabajo que no encuentran ocupación. Entre uno y otro colectivo existía una importante diferencia en cuanto a la cobertura institucional. Tanto la presencia de los sindicatos como una legislación laboral que garantizaba cierta estabilidad a los ya empleados, preludiaba una mayor capacidad de resistencia a los cambios que iban a implicar la crisis. Por el contrario, los individuos que se incorporaban al mercado de trabajo por vez primera carecían de todo tipo de cobertura institucional y poder de negociación, por lo que resultaba, desde el punto de vista político, relativamente sencillo integrarlos en una nueva estructura laboral más flexible.

En consecuencia, tanto la gestión empresarial como los cambios legislativos sólo pudieron materializarse una vez vencida la resistencia de los trabajadores ocupados al comienzo de la crisis. Y esto es precisamente lo que sucede a partir de 1973, y con especial intensidad entre 1977 y 1984, período en el que se inicia un ataque escalonado a la estabilidad del empleo. Se trata de un ataque desarrollado de forma concéntrica, que se inicia en los sectores más periféricos y culmina en los sectores centrales de la economía. A medida que progresa este ataque concéntrico se irá produciendo tanto el debilitamiento político organizativo de la clase obrera como el desarrollo de profundas divisiones en su interior.

Tres han sido los mecanismos mediante los cuales se ha producido el progresivo debilitamiento de la estabilidad del empleo: 1) la vía judicial; 2) los expedientes de crisis; 3) la reconversión industrial. Cada uno de estos mecanismos ha tenido efectos diferentes tanto desde el punto de vista cuantitativo como político-sindical. La utilización de cada uno de estos procedimientos describe círculos concéntricos, señalando tanto una trayectoria escalonada en el tiempo como la sucesiva incidencia sobre distintos núcleos de trabajadores.

El análisis de estos mecanismos pone de manifiesto que existe una relación inversa entre su importancia cuantitativa y su efecto político-sindical. El mecanismo más utilizado ha sido la vía judicial, mediante la cual se han reconvertido las tres cuartas partes del empleo estable. Por la vía del expediente de crisis se han reconvertido aproximadamente la cuarta parte del empleo estable. Por último, la vía prevista por la reconversión industrial [1], ha supuesto un porcentaje pequeño.

La vía judicial registra un lento aumento al principio y una aceleración más tarde, a partir de 1974. En ella se observa también cómo a medida que crece el número de despidos por esta vía disminuye el número de sentencias y aumenta el número de conciliaciones que terminan en despido. La fase de la conciliación supone el acuerdo voluntario entre las partes. Sin embargo, bajo el voluntario acuerdo entre las partes se esconden cosas diferentes. En unos casos, la existencia de un efectivo acuerdo entre las partes. Durante los primeros años de la crisis se producen muchas rescisiones de contrato, aceptadas de común acuerdo por las partes. En

1. Regulada por Ley de 9 de junio de 1979.

este sentido, el procedimiento judicial y, dentro de él, la base de la conciliación, sería un mecanismo de regulación de las bajas incentivadas. En otros casos, el acuerdo entre las partes es más bien formal en el sentido de que las dificultades que para el trabajador representa la continuación del procedimiento son tales que opta por la resolución de su contrato a cambio de indemnización.

La vía judicial había sido, originariamente, un mecanismo para regular los desacuerdos entorno a la relación laboral. Progresivamente va cumpliendo la función de ser un mecanismo de regulación de plantilla en el contexto de la reordenación económica. Esta nueva función de la vía judicial va a ser ratificada en 1979 por el Estatuto de los Trabajadores. Este prevé la creación de un Instituto de Mediación, Arbitraje y Conciliación. Su creación es el reconocimiento explícito de las presiones que sufría el procedimiento judicial como consecuencia de su nueva funcionalidad. El I.M.A.C. [2], se constituyó con la función de regular el procedimiento de conciliación entre las partes, que en caso de persistir en el desacuerdo, se trasladan a otras instancias. A su vez, la institucionalización de la conciliación de forma separada venía acompañada de la simplificación de sus trámites, lo que lo convierte en un procedimiento singularmente ágil. La creación del I.M.A.C. supuso, por tanto, una regulación más eficaz del despido individual por la vía judicial. El resultado fue que dos años más tarde la utilización de esta vía se multiplicaba por dos.

La vía judicial ha sido, durante todo este período, la que ha tenido un efecto más importante sobre le empleo estable. Su importancia numérica ha sido muy superior a cualquier otro procedimiento. Sin embargo, a pesar de su volumen numérico, no ha sido conflictiva ni ha representado, a diferencia de la reconversión industrial, un problema político. De este modo, se da la paradoja de que aquel procedimiento que más ha contribuido a desarticular la estabilidad en el empleo ha resultado, desde el punto de vista social, el más pacífico. La voluntariedad de las partes, las bajas incentivadas, han contribuido, sobre todo en los primeros años de la crisis, al ocultamiento del conflicto. Sin embargo, a medida que se ha ido desarrollando la crisis, una serie de factores han tendido a convertir esta voluntariedad en una mera forma que justificaba un procedimiento de regulación. Así, la inflación, la contracción del empleo, la descualificación, etc., fueron factores que dificultaron la reinstalación del despedido, a pesar de la

2. Instituto Mediación Arbitraje y Conciliación.

indemnización, en el mercado de trabajo. Y es que el margen del acuerdo voluntario de las partes, la naturaleza del procedimiento judicial, contiene la posibilidad de marginar el conflicto. La utilización de esta vía implica la disolución de la dimensión colectiva del conflicto. En esta vía, el trabajador se enfrenta de forma individual al empresario. La entrada en el universo jurídico objetiva el conflicto en la esfera de la normativa jurídica. Lo que en realidad es un producto de la lógica del proceso de acumulación, es resuelto en una instancia en la que cualquier referencia a ello resulta un sinsentido. Lo que tiene su origen en un conflicto de naturaleza político-social, se objetiva en la discusión en torno a la aplicación de la norma, protagonizada por sujetos profesionalizados —abogados y magistrados— quienes representan, transformadamente, la dialéctica del enfrentamiento en un unificado discurso procesal. Trabajadores y empresarios, diferentes en el proceso de trabajo, se transforman en ciudadanos iguales, sujetos a la misma norma. La discusión de la norma queda, a su vez, fuera de este ámbito. El procedimiento judicial concreta el conflicto social a la vez que lo despoja de sus determinaciones, en cuanto que sólo admite contendientes individuales, sometidos a reglas de procedimiento y a la aplicación de normas exteriormente fijadas. La vía judicial es una vía silenciosa frente a la cual las organizaciones sindicales no han podido oponer una eficaz resistencia. La naturaleza individualizada del procedimiento ha sido la clave de su eficacia en este sentido.

El segundo mecanismo de desestabilización del empleo fijo lo constituyen los expedientes de crisis. El expediente de crisis permite la regulación, con fondos públicos, del aparato productivo de la empresa. Esta regulación pasa siempre, invariablemente, por la reducción de plantilla. En unos casos esta reducción se produce debido a un aumento de la capacidad productiva. En otros casos su origen está en la contracción del mercado. Y, finalmente, en otros, no encubre más que un proceso de descentralización de la producción, ya que los trabajadores despedidos son posteriormente vueltos a contratar bajo nuevas condiciones, pero ahora ya precarias.

La vía del expediente de crisis ha afectado, desde un punto de vista numérico, a un tercio de personas a las que afectó la vía judicial. Su utilización comienza a ser numéricamente importante a partir de 1977. La mecánica del expediente de crisis implica un proceso de presión y negociación entre empresas y plantillas, representadas por los sindicatos. A medida que los sindicatos estuvieron en condiciones de desarrollar una política de negociación y movilización, consiguieron en algunos casos la retirada del expediente y en otros una reducción del número de trabajadores afectados. Sin embargo, el Estatuto de los Trabajadores al suprimir el requisito del contrainforme de los trabajadores, sustituyéndolo por el informe del censor jurado de cuentas o por la notificación individual, según los casos, redujo el campo de intervención de los sindicatos. El expediente de crisis supone un planteamiento colectivo del conflicto y por tanto abre la posibilidad de una mayor resistencia. De hecho esta vía es la que ha permitido una mayor intervención sindical y es en ella donde esta intervención ha alcanzado mayor éxito.

El último acto de los sucesivos ataques a la estabilidad del empleo lo constituye la aplicación de la Ley de Reconversión Industrial. Desde el punto de vista numérico, su importancia es muy reducida. Sin embargo, desde un punto de vista político-organizativo, ha tenido una gran importancia puesto que ha afectado a los núcleos más organizados de la clase obrera. Esta fuerte nucleización explica el que siendo esta la vía menos importante numéricamente, haya sido la que ha provocado un mayor nivel de conflictividad. La vía judicial, afectando a un gran número de trabajadores, no se tradujo en un conflicto político. Por el contrario, la aplicación de la Ley de Reconversión, sobre todo a sectores con una fuerte organización sindical, como la siderurgia o el sector naval, supuso la creación de un problema político.

El despliegue sucesivo de la vía judicial, del expediente de crisis y de la Ley de Reconversión Industrial concretan de forma concéntrica el ataque a la estabilidad del empleo. La diversidad de mecanismos, la naturaleza individualizada del más importante de ellos y el distinto ritmo de su aplicación, suponen sucesivas líneas de fragmentación que atenúan progresivamente la resistencia obrera. Resulta llamativa la relación inversa que se establece entre la importancia numérica de cada vía y su efecto político. A ello se viene a sumar una aplicación en espiral de cada una de las vías.

La vía judicial es empleada tanto en pequeñas empresas o sectores donde el trabajo está débilmente organizado, como sobre individuos aislados, en grandes empresas. El que en ocasiones éstos fueran líderes sindicales a los que las empresas ofrecieron incentivos superiores para aceptar la baja voluntaria, tuvo el efecto de debilitar aún más el movimiento sindical. Por su parte, el expediente de crisis, al aplicarse sobre plantillas enteras, dio lugar a una mayor resistencia, lo que abría un espacio de posible negociación. Sin embargo, la progresiva imposición de la primacía del punto de vista empresarial, traducción de la afirmación de que la recuperación económica, y por tanto del empleo, condicionaba fuertemente el sentido de esta negociación. Finalmente, la Ley de Reconversión afectó a núcleos fuertemente sindicalizados y que además tenían una gran incidencia sobre su entorno económico-social. Esto explica la radicalidad de estos conflictos y que, a pesar de ser menor el número de trabajadores afectados, haya llegado a convertirse en un problema político.

Desde un punto de vista cronológico, ni las distintas vías se han aplicado a un mismo tiempo, ni cada una de ellas ha afectado al mismo tiempo al mismo número de trabajadores. Puede, incluso, establecerse una secuencia temporal entre ellas. La vía judicial comienza a aplicarse a partir de 1974 y tres años más tarde adquiere un importante volumen, que se duplicará a partir de 1980. La reconversión industrial empieza a afectar a los núcleos más organizados de la clase obrera a partir de comienzos de los ochenta. Pero, ya para esa fecha, la aplicación de las otras vías había desestabilizado a una gran parte del empleo fijo. En consecuencia, a pesar de la radicalidad y duración de los conflictos, éstos no encuentran la más mínima solidaridad. A ello hay que añadir la aplicación escalonada de la reconversión, lo que no hace sino reforzar la dispersión.

Entre la década de los setenta y la década de los ochenta se produce, pues, un cambio en la fisonomía del conflicto. La radicalidad con la que se han planteado los últimos conflictos —Sagunto, naval, etc.— no puede ser interpretada como el comienzo de la recuperación del movimiento obrero, sino exactamente como lo contrario, el canto de cisne de una etapa, la clausura de las grandes movilizaciones obreras basadas en la centralidad del trabajador especializado.

El carácter concéntrico de este ataque a la estabilidad está, por otra parte, muy condicionado por el ritmo de reestructuración del sistema productivo. La crisis, entendida como caída de la rentabilidad del capital, no se manifiesta homogéneamente en todos los sectores. Por el contrario, lo hace más bien como una sucesión de caídas de la rentabilidad que afectan en tiempos distintos a distintos sectores. Por otra parte, la relación entre caída del beneficio y destrucción del empleo no es uniforme en todos los sectores, interviniendo en este punto tanto factores de carácter técnico como socio-políticos. Los sectores más intensivos en trabajo, pero muy descentralizados o donde la capacidad de resistencia obrera era

EL PROCESO DE SEGMENTACION

muy débil, la caída de la rentabilidad se traducía en la inmediata reestructuración del trabajo. Por el contrario, en sectores muy concentrados, con una fuerza de trabajo muy nucleada y económicamente sostenida por el Estado, se ha dilatado por más tiempo la distancia entre la caída de la rentabilidad y la reestructuración del trabajo.

La desestabilización del empleo estable se produce al hilo de las sucesivas reestructuraciones de todo el aparato productivo. Su magnitud numérica se mide por la evolución de la tasa de empleo asalariado. Ésta presenta, a partir de 1977, un constante crecimiento. Así, entre 1977 y 1983, el empleo asalariado disminuye en un 14%. Sin embargo, esta disminución tiene componentes distintos. Si se establece la delimitación entre el sector público y privado de la economía, se observa que ambos han evolucionado en forma no sólo diferente, sino opuesta. En este período, el sector privado perdió el 21% del empleo asalariado, mientras que el sector público aumentó en un 23%. Análogamente y para el mismo período, comparando la evolución de las tasas de pérdida de asalarización, se observan diferencias entre los grandes sectores de la producción. Mientras el sector industrial, agrícola y de la construcción han perdido respectivamente el 20, el 25 y el 32% de los asalariados, el sector servicios ha aumentado el empleo en un 2%. Es decir, la evolución de una magnitud numérica tomada como reflejo de la crisis encierra magnitudes parciales no sólo de diferente contenido numérico, sino también que apunta a direcciones diferentes.

La heterogeneidad de esta magnitud se hace más notable al desagregarla por ramas de producción. Respecto de 1977, nueve ramas de producción, de un total de cuarenta y cuatro, habían ganado empleo en 1983. Estas ramas que abarcaban en 1983 al 13,3% de los asalariados, han perdido empleo a partir de 1977, pero lo han ido recuperando a partir de 1983.

Esto significaba que en 1977 había un colectivo de casi 2.000.000 de trabajadores distribuidos en nueve ramas de producción y que en 1983 habían aumentado casi un 10%. Trabajadores para los cuales el período de crisis se ha traducido en una elevación del empleo del orden del 11%. Para el resto de los trabajadores se ha operado una tendencia contraria. En las treinta y cinco ramas restantes se ha pasado de algo más de 6.000.000 de asalariados en 1977 a unos 5.000.000 de asalariados seis años más tarde. Es decir, para este colectivo la crisis se ha traducido en una pérdida de empleo del 18%. Esta heterogeneidad todavía se agudiza más cuando se desagrega el conjunto de estas ramas, diferenciando entre las que se han recuperado —cinco en total— y las que han continuado perdiendo empleo asalariado por encima del 18%.

En cuanto al ritmo de evolución de la tasa de asalarización, se pude dibujar una suerte de universo en expansión en el que, a partir de un punto de convergencia, los extremos se distancian progresivamente. En primer lugar, a la diferenciación entre ramas que pierden y ganan empleo; y en segundo lugar, a una diferenciación en cuanto al ritmo de ganancia y pérdida de empleo respectivamente. Es decir, si en 1977 se reduce a base cien todo el empleo asalariado y se coloca, por tanto, en un mismo eje las cuarenta y cuatro ramas de producción, en 1983 todas han tenido un desplazamiento, en un sentido o en otro, completamente diferente.

Por otra parte, la caída del empleo no tiene lugar al mismo tiempo, sino que se distribuye de forma desigual. En 1977, el empleo estaba cayendo en cuatro ramas. Entre 1977 y 1983, estas cuatro ramas perdieron un total aproximado de 600.000 trabajadores. Este empleo tampoco se perdió de forma uniforme, toda vez que todas ellas eran ramas intensivas en trabajo. La construcción perdió el 32% del empleo, el sector de la madera y el corcho el 40%, la confección el 27% y el comercio al por menor el 16%. En 1978 comenzó a caer el empleo en dos ramas, maquinaria y artes gráficas, que perdieron el 46% y el 27% del empleo respectivamente. En 1979 fueron cuatro ramas las que perdieron empleo. Hasta 1983 estas pérdidas se distribuían del siguiente modo: alimentación, bebida y tabaco el 15%, industria textil el 22%, reparaciones el 16%, transporte por ferrocarril el 16%. Entre estas cuatro ramas se había perdido un total de 145.000 puestos de trabajo. En 1980, el empleo comenzó a caer en la industria química en un 8%, en transformados metálicos en un 14%, en material eléctrico en un 17%, en automóvil en un 14%. Estos sectores habían perdido un total de 96.000 asalariados, que no lo hicieron de forma uniforme. Unos sectores comienzan antes a perder empleo, y en consecuencia el problema se hace patente antes, y otros lo pierden después. Incluso puede observarse, al comparar distintos sectores, grandes diferencias en la evolución. Así, la construcción registra una permanente pérdida de empleo, mientras que el sector de la enseñanza —que agrupa a unos 400.000 individuos— registra en el mismo período un aumento del empleo.

Por consiguiente, los efectos de la crisis sobre el empleo no se manifiesta de forma homogénea. Éste es un nuevo factor que contribuye a debilitar la solidaridad interna de la fuerza de trabajo. La respuesta que se origina en cada una de las ramas viene condicionada por o menor articulación político-organizativa de la fuerza de trabajo. Mientras, el sector de la banca, que ha permanecido estable en el nivel de empleo debido en gran parte a la gran expansión del negocio bancario, ha mantenido unas reivindicaciones sindicales distintas de las de aquellos que han ido perdiendo empleo. Su relativa estabilidad en el empleo ha dado lugar a un movimiento sindical progresivamente corporativizado y con una cierta capacidad de presión. Movimiento centrado en exclusivas reivindicaciones internas: salarios, jubilación, etc., desconectado de cualquier solidaridad respecto de otros colectivos.

La transformación del marco de regulación laboral del período anterior se traduce en la ruptura de la uniformidad de las condiciones de trabajo. En la medida en que la unificación político-organizativa de la clase obrera se había basado en esta uniformidad, se produce la quiebra de esta unificación. La clase obrera se disgrega en un complejo mosaico, lo que hace que, en último extremo, hablar de clase obrera sólo sea posible hacerlo o bien como una referencia ideológica o bien como referencia a un colectivo de contornos indefinidos.

1984 puede considerarse el fin del proceso de transformación y el inicio de una nueva etapa. Factores externos —la caída del dólar y el precio del petróleo— y factores internos —el nuevo marco de relaciones laborales— están en la base del proceso de recuperación económica. Por vez primera en los últimos diez años, la tasa de desempleo se estabiliza e inicia una tendencia al descenso. Sin embargo, esta recuperación no es la vuelta atrás, al modelo de los años sesenta, sino que está inscrita en un nuevo modelo de reorganización económica.

Los datos que caracterizan la nueva situación son, a grandes rasgos, los siguientes: en primer lugar, la política de rentas iniciada en los Pactos de la Moncloa ha conseguido sus primeros resultados. El crecimiento de la masa salarial se sitúa por debajo tanto de la inflación como de la productividad. En este sentido, el año 1984 representa uno de los esfuerzos más importantes de la política gubernamental por disciplinar los salarios. En segundo lugar, se firma el Acuerdo Económico Social, en el que participa Gobierno, patronal y UGT, y en cuyo contexto se inscribe este disciplinamiento del salario. Éste va a ser el último acuerdo en el que participará UGT, pues dos años más tarde se romperá la concertación tal y como se venía practicando hasta entonces [3]. En tercer lugar, hay una acusada tendencia al descenso de la conflictividad, reflejo de las transformaciones del mercado de trabajo. Y, por último, se inicia el crecimiento del empleo temporal [4].

A partir de esta fecha, el mercado de trabajo va a adoptar su actual fisonomía, caracterizada por el entrecruzamiento de varias líneas de segmentación. Un primer grupo compuesto por trabajadores que ya poseían empleo estable y que atravesarán el proceso de reestructuración, sin perder el empleo y en general manteniendo sus condiciones salariales. Aquellos individuos que han perdido empleo y que, por causas diversas, integran un colectivo de parados de larga duración, con pocas posibilidades de reintegrarse en el mercado de trabajo, constituyen el segundo punto de referencia. Quienes han perdido su anterior empleo y se han vuelto a integrar en el mercado de trabajo, ya como trabajadores temporales ya como trabajadores fijos, forman un tercer grupo. Finalmente, quienes por edad se han incorporado al mercado de trabajo como desempleados con empleos temporales, que alternan con períodos de desempleos, conforman el último grupo del mosaico segmentado que es hoy en día el mercado de trabajo.

---

3. Las razones de la ruptura de UGT pueden ordenarse en dos apartados. Uno de orden externo: la propuesta de reparto de los beneficios de la productividad y la reinversión de los beneficios en la creación de empleo fueron promesas, a juicio de UGT, reiteradamente incumplidas. Otra de orden interno: aun cuando UGT ganó las elecciones sindicales del año 1986, las perdió en los núcleos más activos sindicalmente, lo cual fue interpretado como distanciamiento de estos sectores respecto de los planteamientos de la política económica del Gobierno.

4. En el año 1986, el 17% de los contratos eran temporales. Esta tasa alcanza el 33,7% en el primer trimestre del año 1990.

III

TRABAJADORES, INDIVIDUOS Y CIUDADANOS

1

EL TRABAJADOR Y SU CONCIENCIA DE CLASE

Una constatación obvia del mayor o menor grado de conciencia colectiva, es la utilización discursiva del «nosotros». La referencia a uno mismo en términos de estricta individualidad constituye el extremo más radical, en el que desaparece toda forma de conciencia colectiva. Al hablar de sus relaciones laborales, de su inserción general en el mercado de trabajo, uno puede referirse a sí mismo como obrero, trabajador, etc., pero siempre como parte de una colectividad más amplia. O, por el contrario, uno puede describirse como individuo que no se reconoce en ninguna categoría colectiva.

Obrero, trabajador, joven, profesional, empleado, etc., son términos de significación muy amplia. En el contexto de la ciencia social han ido adquiriendo un significado más preciso. Pero incluso esa tendencia a la codificación no está exenta de zonas oscuras. Con más razón, la utilización de estos términos extramuros del convento académico está preñado de múltiples significaciones. Un entrevistado, resumiendo su trayectoria laboral, decía: «Yo empecé joven, con 16 años, después me casé joven...; cuando me casé, pues no tenía nada, y fui haciendo poco a poco, a fuerza de trabajo, de echar horas, y ahora tengo una situación económica bastante decente, vivo muy bien claro... clase media, más bien tirando a alta...»[1]. Es un trabajador cualificado de un gran astillero

---

1. El número entre paréntesis, a lo largo de la parte III, remite a la siguiente clasificación de entrevistados. (1) Trabajador de Astilleros; gran empresa; contrato fijo; mayor 45 años. (2) Empleado de Banca; contrato fijo; 52 años; Sevilla. (3) Médico; contratada fija; gran hospital; Sagunto. (4) Profesora de EGB; contratada laboral fija; enseñanza privada; no afiliada; entre 30 y 40 años; Sevilla. (5) Trabajador en el sector del metal; contrato fijo; gran empresa; 35 años; Bilbao. (6) Funcionario de la Administración central; no afiliado; entre 35 y 40 años; Albacete. (7) Entibador; contrato fijo; no afiliado; 46 años; Asturias. (8) Conductor EMT; contrato fijo; 37 años; no afiliado; Madrid. (9) Delegado sindical de

CC.OO.; jornalero; contrato fijo; pequeña empresa; entre 30 y 40 años; Albacete. (10) Trabajador en el sector naval; contrato fijo; no afiliado; Astilleros; gran empresa; Gijón. (11) Trabajador en el sector metal; despedido en la reconversión; contrato fijo; entre 30 y 40 años; Sagunto. (12) Trabajadora en Astilleros; contrato fijo; tres años en el Fondo de Promoción de Empleo; no afiliada; Gijón. (13) Trabajador en Altos Hornos; fijo; 46 años; Sagunto. (14) Presidente de agrupación del pequeño comercio durante el conflicto de la reconversión; Sagunto. (15) Trabajador en el sector química; delegado CC.OO.; antiguo trabajador en Altos Hornos de Sagunto; 38 años. (16) Dueño de un bar restaurante; Sagunto. (17) Oficial 2ª en Grandes Astilleros; contrato fijo; afiliado; El Ferrol. (18) Trabajador en Grandes Astilleros; contrato fijo; afiliado; mayor de 45 años; El Ferrol. (19) Trabajador actualmente en el Fondo de Promoción de Empleo; antigüo trabajador en Grandes Astilleros; despedido en la reconversión; 38 años; El Ferrol. (20) Parado; 20 años; El Ferrol. (21) Trabajadora en Grandes Astilleros; actualmente recolocada tras perder su empleo en la reconversión; 45 años; Gijón. (22) Empleado de Banca; contrato fijo; entre 30 y 40 años; Sagunto. (23) Funcionario interino en la Administración Central; 35 años; no afiliado; Sevilla. (24) Camarero; contrato fijo; no afiliado; 28 años; Madrid. (25) Ayudante barrenista; contrato fijo; no afiliado; menor de 30 años; Gijón. (26) Camarero; contrato temporal; no afiliado; establecimiento de 50 trabajadores; 23 años; Las Palmas. (27) Dependiente de comercio; contrato fijo; empresa de 50 trabajadores; no afiliado; Zaragoza. (28) Trabajador del sector textil; contrato temporal; 23 años; Barcelona. (29) Oficial de 1ª; contrato temporal; 23 años; Sevilla. (30) Dependienta de comercio; contrato temporal; pequeño comercio; menor de 25 años; Soria. (31) Dependienta de grandes almacenes; contrato fijo; no afiliada; 26 años; Barcelona. (32) Dependienta de grandes almacenes; contrato temporal; no afiliada; 23 años; Barcelona. (33) Trabajador del sector limpieza; entre 26 y 30 años; contrato fijo; no afiliado; Zaragoza. (34) Trabajador de la construcción; especialista; contrato temporal; 26 años; no afiliado; Zaragoza. (35) Parado; 22 años; El Ferrol. (36) Empleado de Banca; contrato fijo; no afiliado; mayor de 56 años; Soria. (37) Trabajador especialista; Grandes Astilleros; 38 años; Gijón. (38) Delegada sindical de CC.OO.; contrato fijo; mediana empresa; entre 25 y 30 años; Soria. (39) Trabajador del sector naval; contrato fijo; no afiliado; grandes astilleros; Gijón. (40) Parado; miembro de la Asamblea de Parados; 22 años; Bilbao. (41) Trabajadora de mensajería; contrato temporal; no afiliada; menor de 25 años; Madrid. (42) Trabajador especialista; contrato fijo; 52 años; El Ferrol. (43) Delegado Sindical de CC.OO.; jornalero; contrato temporal; entre 30 y 40 años; Sevilla. (44) Trabajadora textil; contrato fijo; empresa de 60 trabajadores; no afiliada; Barcelona. (45) Trabajadora del sector textil; no afiliada; contrato fijo; empresa de 200 trabajadores; Albacete. (46) Contratada laboral; Administración local; afiliada; entre 25 y 35 años; Soria. (47) Trabajadora de la confección; trabaja en SAL; 10 trabajadores; contrato temporal; 26 años; Barcelona. (48) Oficial 1ª; contrato fijo; verificador; 52 años; El Ferrol. (49) Dependiente pequeño comercio; contrato temporal; 16 años; Madrid. (50) Parado; 27 años; miembro de la Asamblea de Parados; Bilbao. (51) Parada; miembro Asamblea de Parados; 20 años; Baracaldo. (52) Delegado de CC.OO.; contrato fijo; metal; empresa de 250 trabajadores; Zaragoza. (53) Repartidor de panadería; contrato fijo; empresa de 15 trabajadores; no afiliado; Zaragoza. (54) Trabajador del metal; peón; contrato temporal; no afiliado; menor de 25 años; Baracaldo. (55) Repartidor de panadería; contrato fijo; empresa de 50 trabajadores; no afiliado; Zaragoza. (56) Trabajador de química; peón; contrato temporal; menor de 25 años; Baracaldo. (57) Oficial 1ª; contrato por obra; 31 años; Sevilla. (58) Hostelería; eventual; no afiliado; empresa pequeña; menor de 25 años; Las Palmas. (59) Maestra de Primaria; contrato fijo; no afiliada; entre 26 y 45 años; Albacete. (60) Enfermera; contrato fijo; 35 años; gran hospital; Madrid. (61) Funcionario de Correos; no afiliado; 30 años; Madrid. (62) Enfermera; contrato fijo; gran hospital; entre 26 y 45 años; Madrid. (63) Empleado de Banca; contrato fijo; afiliado; entre 26 y 45 años; Madrid. (64) Trabajador especialista del sector naval; gran empresa; mayor de 60 años; El Ferrol.

quien describe así su situación. Eso no le impide decir en otro momento, refiriéndose al Gobierno: «...hay que decirle al Gobierno que lo está haciendo mal, que nos tiene que ayudar a los de abajo».

En pocas líneas, pues, se han dicho cosas diferentes: clase media, más bien tirando a alta; los de abajo, etc. Desde el lenguaje codificado de la sociología, este cambio de categorías para referirse a uno mismo resulta un sinsentido. Ser de clase media o ser de clase baja tiene en este ámbito una cierta precisión. De ahí, sin embargo, no cabe deducir que se esté en presencia de un discurso internamente incoherente. El individuo que así hablaba no se desdoblaba en individuos diferentes, sino que mantenía permanentemente su identidad. Cuando se autodefine como clase media, lo hace en un contexto diferente a cuando se describe como parte de los de abajo.

Lo que esto pone de manifiesto son dos órdenes de dificultades. Una de verbalización, en la que se recurre a analogías —ser de clase media, por ejemplo— para expresar que ha conseguido, por medio de un trabajo, una situación de relativo bienestar. Autodenominarse como de clase media es compatible, en este contexto, con seguir considerándose parte de los trabajadores. Otra de racionalización, producto de las dificultades para establecer una línea discursiva coherente entre su situación personal y su posición en la estructura social. Verbalización y racionalización no son dimensiones escindidas, sino estrechamente vinculadas. De tal modo que uno y otro orden de dificultades aparecen a la vez.

Hablar de dificultades de verbalización y racionalización es remitirse a un patrón discursivo en el que no existen dichas dificultades. Y ese patrón discursivo es el que puede denominarse —en este contexto en el que de lo que se está hablando es de clase obrera— discurso militante. Describir un discurso como militante no incluye ningún tipo de definición acerca de su validez objetiva. Es un discurso formalmente coherente que habla de las relaciones del individuo con el orden social. Es una suerte de mapa que, una vez asumido, permite al individuo explicar sus relaciones con el orden social.

En una persistente tradición teórica, el discurso militante era la tradición de la conciencia de clase. Ésta, además, no era un producto azaroso sino corolario de una determinada perspectiva metódica. Análisis científico, conciencia de clase y discurso militante son momentos correlativos. Reflejan la división del trabajo entre intelectuales y políticos. Unos formulando qué sea eso del método científico y otros administrando la conciencia de clase. El obrero consciente, interrogado acerca de las relaciones sociales, mercado de trabajo, conflicto capital/trabajo, etc., desplegaría una argumentación formalmente racional y sin incoherencias internas. Es el portador del discurso militante. A su lado, el otro, el obrero alienado. Su discurso internamente contradictorio, formalmente irracional, de difícil y sinuosa verbalización. La alienación se haría visible en la distinción entre ambos discursos.

En el contexto en el que vive la conciencia de clase, el discurso militante, hay que distinguir dos aspectos. Uno es relativo al universo teórico y otro a su efecto político. Este último unifica distintas condiciones, da lugar a un comportamiento homogéneo cuya expresión más acabada es la politización de las relaciones laborales y, desde ahí, la posibilidad de su efectiva subversión. El relativo a la teoría presenta un perfil en el que resaltan dos aspectos. El primero, es la conexión necesaria entre percepción de la propia situación y desarrollo de la conciencia de clase. Su evanescencia conceptual es quizá el rasgo más característico de esta formulación. El segundo, es la configuración de una suerte de cosmovisión en la que la materialidad de las relaciones laborales encierra la clave del antagonismo social y contiene, en consecuencia, la posibilidad de un orden nuevo.

La contraposición del discurso militante es el discurso desestructurado. Si el primero era el momento final de la secuencia que se iniciaba en el orden objetivo de las relaciones sociales, el segundo tiene su origen en la subjetividad del individuo. Mientras el primero es una plantilla que uniformiza las descripciones, el segundo es un azaroso caleidoscopio en el que lo real es distintamente interpretado.

El discurso desestructurado desmiente una de las premisas teóricas de la tesis de la conciencia, a saber, que la percepción de la propia situación conduce a formulaciones comunes en cuanto que esta situación es común. O, quizá, sería más exacto decir que patentiza la evanescencia de esa premisa. El que uno pueda percibir su situación en términos de marginalidad, de explotación, no permite concluir en una formulación que le aproxime a sus iguales. Igualmente supone romper con cualquier suerte de cosmovisión en cuyo centro se coloca el sujeto cuyo despliegue es el fin del presente.

El discurso desestructurado tiene también su propio referente analítico. El utilitarismo y el individualismo radical, en cualesquiera de sus múltiples formulaciones, fundamenta la existencia de ese discurso. Así como el primero remite al mundo de las clases sociales, éste lo hace al mundo de los individuos. Ambas formas discursivas constituyen referencias ideal-típicas. Son los polos de un continuo que tiene múltiples manifestaciones. «Nosotros, los obreros» y el «yo» circunscrito a la estricta individualidad, son las expresiones extremas. Ser «obrero» y reconocerse como tal, en antagónica relación con el orden constituido, o ser individuo en búsqueda de oportunidades en el mercado.

La autorrepresentación, en términos de pertenencia colectiva, no implica necesariamente la asunción de la conciencia obrera. Hay otras formas de autorrepresentación colectiva que se construyen en oposición a la posible pertenencia a la categoría de «trabajador». La conciencia de ser empleado y la de ser profesional son dos expresiones colectivas en las que se entremezclan elementos de rechazo y aceptación del orden vigente junto con una reafirmación de sí mismos como diferentes a los obreros.

Un trabajador de Banca describe la pérdida de posición: «Hace 4 ó 5 años la Banca estaba mejor que ahora; ahora un empleado de Banca gana menos que un albañil»(2). Esta pérdida de posición amenaza con borrar la diferencia, sumergiéndolo en la escala social. Su diferenciación respecto del obrero la marca en el terreno ideológico, calificándose a sí mismo como de derechas, frente al trabajador que es de izquierdas. Junto a la utilización de esta topología ideológica, la percepción de «derecha» equivale a orden; y esto implica reestablecer la diferencia: «Yo llevo 20 años en el Banco y había partidos de derechas y estaba el centro, y un empleado de Banca ganaba una exageración. Hoy en día la Banca gana menos que cualquier otro gremio»(2). Su mujer es otro punto de referencia mediante el cual ilustra las amenazas de pérdida de posición: «Yo hace tiempo ganaba más que mi mujer, y ahora, al contrario, ella gana más que yo»(2). Su distanciamiento respecto de los trabajadores se trueca en relación de hostilidad reproduciendo el ideologema del parado como defraudador: «¿Cuánta gente está cobrando el paro, pero está trabajando? Montones de gente, que yo conozca»(2). Parados, obreros, sindicatos e izquierda, forma la imagen de lo negativo, aquello que rechaza y de lo que trata de diferenciarse.

Una percepción semejante, que se define por su antiobrerismo, la pone de manifiesto una joven médico. Su posición diferenciada respecto a enfermeros y auxiliares refleja su rechazo a CC.OO. y UGT, sobre los que considera que únicamente defienden los intereses de estos colectivos. Ella, como médico, los percibe no sólo como ajenos, sino como «un poco el enemigo a combatir»(3).

Sindicatos y organización de clase están asociados en su representación. La categoría «clase social» es el elemento negativo, pues no se autodefine como miembro de una clase, sino de un estamento, de la profesión médica. En la medida en que los sindicatos tratan de integrar a los médicos, los desvincula de su estamento y los transforma en clase.

La diferencia del médico estriba, pues, en que pertenece a un orden distinto, al de los estamentos profesionales. Su resistencia a identificar elementos comunes, sobre la base de la condición de asalariado, con otros miembros del hospital es absoluta. Establece tres elementos de diferenciación del médico frente al trabajador. En primer lugar, los trabajadores tienen un horario establecido y todo lo que pasa de este horario se les paga como horas extraordinarias. Los trabajadores tienen su tiempo de trabajo delimitado respecto del no-trabajo. Por el contrario, «los médicos podemos entrar a la hora que queremos, pero siempre entramos a la hora que hay que entrar, pero siempre salimos hora y media más tarde»(3). La reglamentación exterior del tiempo de trabajo se aplica a quien no asume ninguna implicación con el trabajo, quien, como el trabajador, es irresponsable, por el contrario, la autorreglamentación del tiempo de trabajo es aplicable al médico, quien siente responsabilidad por su trabajo.

La puesta en primer plano de esa autoconciencia responsable que la sitúa al margen de las convenciones laborales la explica así: «... el médico nunca puede tener conciencia de que es un trabajador asalariado porque sus enfermos siempre dependen de él»(3). Esta particular relación, basada en la apropiación del enfermo, es el segundo rasgo diferenciador. Esta arbitraria apropiación —en la que subyace la idea del enfermo como menor de edad cuya administración corresponde al médico— justifica la exclusión de otros estamentos en el cuidado de la enfermedad. La apropiación exclusiva del enfermo que le hace depositario de las responsabilidades es el punto de referencia desde el que articula un conjunto específico de reivindicaciones. El colegio, representante corporativo del estamento, y no el sindicato, representante de la clase, es el vehículo de transmisión de sus reivindicaciones. La idea de corporación colegial está cuajada de referencias a la ética y a la responsabilidad, con un completo ocultamiento de lo que constituye su funcionalidad: las reivindicaciones monetarias.

La conciencia diferenciada hace de la huelga algo promovido por los sindicatos y por tanto algo rechazable. Una profesora de enseñanza media, con una parecida conciencia profesional, hace la siguiente valoración de la huelga como instrumento reivindicativo: propone «una forma más elegante» que no sea la huelga, «sin necesidad de llegar a la huelga ni a esas cosas»(4). Este rechazo está directamente asociado a la conciencia profesional: «Me parece que somos mejores profesionales si no vamos a la huelga y todo ese tipo de cosas»(4).

La primacía de los valores inmateriales frente a los valores materiales determina la primacía del profesional sobre el trabajador. El vínculo moral hace que el médico se refiera a sí mismo como quien está «atado moralmente por otra persona»(3). Ni la huelga, ni los convenios, ni en general todo aquello que es vehiculado por el sindicato puede abarcar esos vínculos de naturaleza moral. La negociación y el convenio separarían a los trabajadores. Así, la jornada de trabajo y las horas extraordinarias, las ve fuera de cualquier posible negociación: «Los médicos nunca reclamamos eso. Digamos que es una cosa que forma parte de la conciencia médica; nunca se reclama el horario estricto»(3).

Esta descripción de la conciencia profesional pertenece a una joven médico cuyo estatuto laboral es el de asalariado. Su integración en el hospital es mediante un contrato laboral y en un servicio (urgencias) que entraña múltiples problemas de naturaleza estrictamente laboral. De hecho, cuando se refiere a sus problemas concretos, su lenguaje incorpora términos que anteriormente había excluido en su crítica a los sindicatos. Refiriéndose a la regulación laboral bajo la que se encuentra y los problemas que ello suscita, dice: «Forma parte de un problema sindical de los médicos, ¿no?, que jamás hemos tenido defensa porque jamás hemos tenido conciencia de estar unidos en nada y cada uno se defiende como puede»(3). Lo que un momento antes era la imagen unificada de la corporación médica, es ahora la de un colectivo disgregado, con poca capacidad, como tal, de defender a sus miembros.

La oposición entre su conciencia como estamento profesional y su condición real de asalariada se pone de manifiesto cuando describe su situación laboral. La conciencia estamental es, en ocasiones, un obstáculo para racionalizar su condición de asalariada y, en otras ocasiones, prescinde abiertamente de ella. Desde la conciencia profesional, su profesión es «un sacerdocio». Esto le proporciona un sistema coherente de enunciados: abnegación, desprendimiento, desinterés, entrega total, etc., con los que puede describir su posición. A ello se le contrapone su otra realidad como asalariada, lo que supone problemas tales como horarios, jornada, salario, condiciones de trabajo, etc. Es decir, un orden de preocupaciones sindicales que es incompatible con el orden de las preocupaciones estamentales. Ambas realidades están presentes y entran en determinado momento en colisión. Así, lo que antes, desde «la conciencia médica», era un sacerdocio en el que no importaban las horas, desde el día a día, como trabajadora, lo desmiente. Hablando sobre los turnos, las guardias y las llamadas que recibe, explica: «Nosotros al principio picábamos como tontos e íbamos al hospital cada vez que nos llamaban, pero a la tercera vez que te toca hacer guardia durante quince días, día si y día no, le dices a tu familia que cuando llamen por teléfono del hospital digan: No existo, no estoy. Todo el mundo escurre el bulto como puede»(3). Describe exactamente lo que en otro momento habría descrito como característica del trabajador. No es vulneración del «código médico», del «sacerdocio», del individuo responsable, sino más bien de la coexistencia de otros puntos de referencia.

Tanto en el caso del empleado como en el del médico, se pueden ver referencias colectivas, más o menos marcadas en cada caso, que se superponen a su condición de asalariados. La sociología de los años sesenta prestó atención desigual a estos colectivos, rotulados genéricamente como profesionales. Los resultados de las distintas investigaciones apuntaron a conclusiones distintas. En unos casos a la primacía de la condición de asalariado y en otros al desarrollo de referencias corporativas. En el primer caso, el individuo subordina su condición de empleado, médico, maestro, etc., a la condición general de trabajador. Incluso, en un momento posterior, dentro ya del discurso militante, llega a considerarse parte de la clase obrera. En el segundo caso, las referencias corporativas no sólo distancian al individuo, como se ha visto en estos dos casos, de la condición ideológica de asalariado sino que lo oponen a ella.

La identificación de uno mismo como obrero, como profesional, como individuo, etc., puede inscribirse en el continuo trazado desde el discurso militante al discurso desestructurado. Pero esta diferencia de significados no tiene su origen en la percepción de la situación laboral. La cosmovisión en la que se inscribe el discurso militante hace tanto de la percepción negativa de la situación laboral como de la centralidad de éste su rasgo distintivo. Sin embargo, es posible rastrear la misma percepción negativa en «obreros», individuos y profesionales acerca de su situación laboral.

La ideología del «obrero» está construida sobre la negatividad de las relaciones laborales como relaciones de explotación. La asociación obrero explotado y capitalismo, constituye el hilo conductor de una opción ideológica que puede ser asumida externamente. En este caso, el rechazo al orden constituido como orden capitalista lleva a la identificación con los intereses del «obrero», racionaliza su visión crítica y la proyecta finalmente como opción política. El «individuo» tiene también su propia percepción de la inmediatez de sus relaciones laborales. Éste ya no es un producto ideológico, sino físico. Individuo y obrero pueden coincidir en la versión negativa de sus condiciones de trabajo. Ahora bien, esta coincidencia no tiene porqué traducirse en una convergencia más amplia. Es posible detectar procesos que se orientan tanto en el sentido opuesto como a favor de esa convergencia.

Acontecimientos exteriores pueden acentuar las tendencias en uno u otro sentido. La huelga general del 14 de diciembre actuó, en muchos casos, en el sentido de acentuar la convergencia. Su seguimiento masivo contribuyó a romper la sensación de aislamiento de quien, sin embargo, percibía su situación en términos negativos.

Una sociedad compuesta por individuos es una sociedad sin oposiciones, lo que no significa una sociedad percibida en términos positivos. Es una sociedad integrada por consenso, lo que a su vez es compatible con la valoración negativa de sus relaciones laborales. El factor de esa integración no es, pues, de naturaleza material, sino ideológica. Es un consenso basado en la aceptación de lo que cada uno es y la estructura social que lo cobija, como producto inevitable. Por el contrario, la sociedad del obrero es la sociedad de clases en la que, a la vez que los individuos se identifican los unos con los otros, se oponen como clase a otra clase. La utilización del «nosotros» refleja la preeminencia de esa conciencia colectiva. Refiriéndose a la huelga del 14 de diciembre, un individuo evaluaba así sus resultados: «Pues alguna vez que pierdan ellos un poco; no vamos a perder siempre los mismos»(5). «Ellos» eran en aquel momento el Gobierno y la patronal. Incluso, en algunos casos, esa contraposición se expresa recurriendo a categorías más amplias: «Porque mientras el pueblo estaba ahí, el Parlamento estaba mirando a otro sitio»(6). Es una suerte de contraposición extremada en el que pueblo y clase obrera se unifican y se contraponen al Estado, reunión de todos los demás, representados en el Parlamento.

La dicotomía «nosotros» frente a «ellos» tiene una configuración caleidoscópica. Ser obrero frente a patrono, trabajador frente a Gobierno, pueblo frente a Parlamento, etc., son formas de esa dicotomía que se expresa como relación entre grupos. Tiene también su reflejo ideológico, que en algunos casos se expresa en identificaciones tales como trabajador, izquierda frente a empresario, derecha. Este conjunto de dicotomías son agrupadas y ordenadas por el discurso militante en el interior de campos antagónicos. Trabajadores, pueblo, izquierda, etc., frente a patronos, Gobierno, derecha, etc. Trabajo y capital en irresoluble conflicto constituirían el resumen de estas referencias enfrentadas.

La interpretación de las relaciones sociales en términos de antagonismo capital/trabajo sería socialmente real en la medida en que el discurso militante permeara realmente las relaciones sociales. Análogamente, la interpretación de las relaciones sociales en términos radicalmente individualistas se corresponde con la plena asunción del discurso desestructurado. Las teorías del conflicto y de la integración contienen, en sus versiones más radicales, los elementos de una sociedad ordenada según uno u otro principio. Resulta obvio, pues, en este contexto, que la teoría social, más allá de su error o certeza, es útil como hermenéutica desde la que describir el orden complejo de relaciones.

Si se traza una serie de círculos concéntricos mediante los que se distribuyen los distintos segmentos del mercado de trabajo, puede trazarse también una línea, en uno de cuyos extremos se coloca el «obrero» y en el otro el «individuo». El círculo central, compuesto por trabajadores estables de grandes concentraciones industriales en los que existe un elevado nivel de sindicación, contendría la representación prototípica del obrero. En el círculo exterior, compuesto por trabajadores precarios en contextos descentralizados y nula tradición sindical y de movilización, viviría preferentemente el individuo. Esta superposición entre relaciones sociales e ideología sirve para ilustrar la naturaleza de los procesos de fragmentación dentro de la fuerza de trabajo.

Allí donde se cumpliera esta relación se estaría en presencia de una fisura radical en el interior de la fuerza de trabajo. Se estaría en presencia de un proceso de polarización, de dos clases obreras diferentes. En el extremo de esta situación se produciría un hecho paradójico: el de la falta de correspondencia entre ideología, orden social y situación material. Mientras el «obrero» es ideológicamente opuesto al orden vigente, el individuo es afín a él. Y, a la vez, será en sectores más precarizados por el orden económico donde se podrá encontrar una mayor aproximación ideológica al orden vigente, origen precisamente de su precarización. La mayor o menor presencia del discurso militante transmitido a través del sindicato, la tradición, la movilización, etc., sería el factor determinante de esta distancia. Allí donde, por el contrario, el discurso individualista recorriera indistintamente todos los círculos concéntricos, se habría producido la completa desaparición del obrero. Y, de modo contrario, allí donde el discurso del obrero fuera omnipresente, habría desaparecido el «individuo». Estas tres posibilidades no son más que producto de una triangulación formal que sirve para situar el análisis de las relaciones entre el obrero y el ciudadano. Dentro de este triángulo, de lo que se trata es de delinear distintas tendencias.

El universo del «obrero» es el de la conciencia colectiva que vincula el destino individual a la suerte de la clase. De este modo, la solidaridad frente a los demás, en la medida en que pertenecen al mundo del obrero, constituye el valor central. En el universo del ciudadano prima una doble percepción: la naturalidad del orden vigente y el hecho que sólo el esfuerzo individual permite superar la propia situación. La competencia, que supone siempre la asunción de ambos supuestos, se constituye en el valor central. Solidaridad frente a competencia, movilidad colectiva frente a orden vigente frente a movilidad individual en el orden vigente, divide a unos y a otros.

El trabajador, ya sea obrero o individuo, percibe en términos negativos su situación. Lo que los diferencia es la proyección de sus intereses. En un caso los intereses individuales se perciben como intereses colectivos, mientras que en otro caso éstos permanecen como individuales. Ambos se comportan como individuos racionales.

Esto último es, sin embargo, cuestionado dentro del universo conceptual de la sociedad de clases, desde la que se divide a los individuos en conscientes y alienados respecto de sus intereses reales. Conscientes, aquéllos que ven sus intereses como colectivos, y alienados quienes los ven como estrictamente individuales. Pero esta distinción entre conciencia y alienación es, en este contexto, un artificio irrelevante ya que a lo sumo rotula determinadas conductas, oscureciendo el hecho de la racionalidad de todas las conductas.

El individuo y el obrero son racionales, es decir, conscientes de sus intereses, a la hora de tomar sus decisiones. En definitiva, el universo previamente determinado de los «trabajadores» está compuesto por individuos racionales.

La solidaridad y las movilizaciones son la expresión de los intereses obreros. Además de ser expresión de esos intereses han sido el vehículo de constitución del obrero como movimiento obrero, adquiriendo, finalmente, un definido perfil político. La ausencia de solidaridad y movilización reflejaría, en consecuencia, el proceso opuesto. Por tanto, los procesos de reforzamiento o quiebra de la solidaridad expresarían respectivamente el deslizamiento hacia uno u otro polo.

La solidaridad tiene significados diferentes. Es posible, en primer lugar, hablar de una solidaridad fundamentada ideológicamente. El discurso militante hace de la solidaridad uno de sus valores centrales. En su contexto se da por supuesta. Su ejercicio constituye la norma y su falta la desviación. En esta perspectiva, el análisis científico-social no consideraría un problema el determinar por qué ésta no tiene lugar. Una segunda forma de solidaridad es de origen instrumental. Se es solidario como forma de defender en los demás aquello que afecta a uno mismo. Esto presupone la previa identificación de una suerte de interés colectivo, desde el cual se hace claro que la defensa de una parte es la defensa de la totalidad.

Existe transición entre ambas forma de solidaridad. El discurso militante, en realidad, al racionalizar el origen de la solidaridad, recurre a la explicación instrumental. La referencia al obrero y a sus intereses objetivos y a la vez la identificación de todo ello con una suerte de interés histórico, permite la confluencia argumental de ambas formas de solidaridad. No hay contradicción entre definir la solidaridad como un imperativo y definirla en términos instrumentales a condición de que se sostenga la subyacente identificación entre intereses particulares y objetivos del obrero e intereses universales y objetivos de la clase obrera. Situados en el campo de los individuos, la solidaridad carece de sentido. La definición del interés en términos estrictamente individuales excluye la defensa de los otros. Uno mismo y la persecución de sus intereses configuran el modelo de comportamiento del individuo.

Obrero solidario frente a individuo insolidario son extremos de un continuo que, sin embargo, no está situado en un espacio neutral. La vigencia de la ideología liberal excluye la solidaridad. A la hora de hablar de solidaridad y competencia no se puede hacer abstracción de las distintas posiciones que cada uno de los valores ocupa. Más allá de la retórica que una ética abstracta puede protagonizar, la solidaridad difícilmente puede desarrollarse en un contexto que hace de la competencia entre los individuos, el libre mercado, el principio de organización social.

La solidaridad es, en ese contexto, un valor marginal, sometido a una progresiva descalificación a partir de tres elementos.

Uno, de carácter ideológico general, conectado con el desarrollo de las tendencias burocráticas de la democracia, en cuyo interior se establece una rígida división de funciones donde la política es circunscrita exclusivamente al Parlamento. Donde la política se hace sinónimo de interés colectivo entra en colisión con aquella solidaridad que se reclame de un principio colectivo diferente. De este modo la solidaridad expresada prácticamente en el apoyo a otros sectores no es más que una ilegítima intromisión de un sector de la sociedad en las competencias del Parlamento. La dicotomía gobierno/sociedad civil encierra la justificación de esas tendencias burocráticas al inhibir cualquier otra expresión política de la sociedad civil que no sea gobierno.

Un segundo elemento está conectado con la lógica económica. Lógica que, congruente con las tendencias burocráticas, es una cuestión puramente técnica sustraída a la discusión política. El contenido de esta lógica deriva de un diagnóstico en el que el desempleo, inflación y crecimiento del coste salarial están directamente relacionados. La sustracción de la economía al debate político, bajo la capa de su neutralidad como pura técnica, define la verdadera solidaridad frente a la falsa solidaridad. Ahora, la verdadera solidaridad no es el apoyo a las reivindicaciones de otros sectores, sino la aceptación del contenido de la técnica económica, administrada por el Gobierno, como única instancia política. Esto permite, en cierta medida, trastocar los términos llegando a establecer que lo que se practica desde la esfera de lo político, desde la que se rige la sociedad de individuos, es verdaderamente solidaridad. Esta redefinición, en la que la vieja solidaridad se trueca en corporativismo y la nueva solidaridad en la aceptación de los resultados de la administración de la técnica económica, encierra la posibilidad de devenir real. El cierre de la solidaridad sobre un determinado segmento del mercado de trabajo, con exclusión de los demás, crea las condiciones para que pueda efectivamente percibirse por otros segmentos la solidaridad como una manifestación del particularismo corporativo.

El tercer elemento tiene que ver con el proceso de ataque concéntrico a la estabilidad en el empleo, que ha supuesto la práctica desaparición de las relaciones de solidaridad. Con alguna frecuencia suele obviarse la cronología de la transformación de las relaciones laborales. Como ya se ha puesto de manifiesto en la segunda parte, ha sido precisamente la distribución en el tiempo de esta transformación, desde los sectores más indefensos a los más sindicalizados, uno de los factores que explican la falta de solidaridad.

La polaridad obrero solidario frente a individuo competitivo se torna borrosa y confusa. La solidaridad puede leerse, y así lo hacen algunos sectores de la fuerza de trabajo, como defensa corporativa de intereses particulares. En definitiva, la solidaridad puede aparecer como una manifestación de la propia sociedad competitiva.

El trabajador solidario aparece dispuesto a sumarse al apoyo de acciones exteriores a su situación. Así se expresaría esta disposición: «Una manifestación que hay, o cualquier cosa que haya... yo voy con los compañeros»(7). El que habla es un trabajador adulto, con empleo fijo y sindicalizado en una gran empresa, con larga tradición de movilizaciones. Para él, los otros trabajadores son compañeros, obreros como él, que comparten la misma situación. Justifica esa relación de solidaridad en términos de autodefensa. Refiriéndose a los patronos dice: «Si los dejas libres echan de allí a los que les da la gana, y harían lo que quisieran»(7). Lo que aquí está implicado es una división en dos campos y su pertenencia a uno de ellos frente a los empresarios.

Esa solidaridad lo es respecto de quienes están en situación parecida a la suya, aquellos a quienes se refiere como sus compañeros comparten una situación laboral parecida. Poseen empleo y se enfrentan al patrono en defensa de sus condiciones salariales. La solidaridad con otros trabajadores, con los que no tienen empleo o están en situación precaria, se expresaría en un terreno distinto. Respecto de los que son iguales que él, cabe el apoyo a sus movilizaciones. Respecto a quienes no tienen capacidad de movilización, la solidaridad se disuelve en una espesa bruma.

Cuando el desempleo empezó a convertirse en un fenómeno extendido, el reparto del empleo fue una de las primeras respuestas sindicales. Trabajar menos para trabajar todos, resumía un proyecto de reparto solidario, en el que estaba implicado el intercambio entre salario y empleo. Tanto la reducción de la forma de trabajo como, sobre todo, la no ampliación de la jornada mediante las horas extraordinarias, era una propuesta lógica, pero cuya aplicación sólo es posible en un contexto solidario. La actitud ante las horas extraordinarias constituye por tanto una vía privilegiada que permite describir el proceso de relación entre el obrero y el individuo.

El alargamiento de la jornada de trabajo contiene la posibilidad de establecer una relación de complicidad entre trabajador y empresario. Desde el punto de vista de éste último, el alargamiento de la jornada de trabajo abre la posibilidad de reducción de los costes salariales. Desde el punto de vista del trabajador, abre la posibilidad de incrementar sus ingresos. La coincidencia de intereses de unos y otros excluye a los que no tienen empleo. Superar esta convergencia de intereses es situarse en el contexto ideológico del obrero, mientras que plegarse a ella es hacerlo en el contexto ideológico del individuo.

Los que asumen la preeminencia de la solidaridad argumentan con la vista puesta en los otros. Un trabajador explicaba así su negativa a las horas extraordinarias: «porque las horas extraordinarias van contra mi voluntad... que yo veo que hay mucho paro en la calle»(8). Otros hacen patente la dificultad de asumir las consecuencias de esa solidaridad. Un delegado sindical expresa así esa cuestión: «El problema está en cómo solucionarlo, tampoco prohibirlas por el hecho que ya te he dicho antes, si esa gente en vez de ganar 53, 52, gana 65, ya se puede mantener a una familia»(9). Se trata de dos formas de encarar la misma cuestión. Rechazar las horas extraordinarias o bien rechazarlas por principio pero aceptarlas como una necesidad derivada de los bajos salarios. Los límites entre una y otra posición son prácticos. El principio de solidaridad se quiebra ante la presión de las circunstancias.

Naturalmente, la borrosidad del término «necesidad» permite alargar la distancia entre el rechazo y la aceptación ideológica de la solidaridad. Ésta puede convertirse, finalmente, en un tic de naturaleza ritual, un principio que se formula sin ninguna consecuencia práctica. Un trabajador describe con rotundidad esta situación: «Todo el mundo decimos que sí, que no hay trabajo y tal, nos ofrecen 2 ó 4 horas, y las hacemos, nos matamos por hacerlas»(9). A quienes está describiendo es a trabajadores que presionan a los comités para que no traten de restringir las horas extraordinarias. Esto último puede, incluso, empujar a las cúpulas sindicales a una situación problemática. Por una parte, la base sociológica de los sindicatos está compuesta básicamente por trabajadores con empleo fijo. En la medida en que sean estos sectores los que presionen para la realización de las horas extraordinarias, puede llevarles a un conflicto con el sindicato. La tensión entre el mantenimiento de los principios generales de solidaridad y el efecto negativo que esto tiene sobre la organización del sindicato, puede resolverse mediante el oscurecimiento en la práctica de este control. Las llamadas a la solidaridad terminan convirtiéndose, de este modo, en un mero ejercicio ritual. La imagen del obrero solidario, miembro del sindicato, es una ficción que puede servir como autoidentificación ideológica de estos colectivos, pero que también puede ser cuestionada como mera hipocresía desde otros segmentos.

El cierre sobre sí mismo del obrero solidario, o que habla en términos de solidaridad, pero no la practica, termina por excluir el contacto con otros sectores. Esto contribuye a abrir fisuras entre distintos núcleos de trabajadores. Un trabajador proporciona la descripción de esta relación. Su experiencia resulta significativa en cuanto que está referida a trabajadores que, en un momento determinado, participaron solidariamente en una larga lucha por conservar el empleo. Es un antiguo trabajador de Altos Hornos de Sagunto que resultó despedido en la reducción de plantilla con la que se saldó la reconversión. Tras la reconversión, recuerda este trabajador, la empresa volvió a la práctica de las horas extraordinarias. Los despedidos, agrupados en una coordinadora, al tener conocimiento de esta práctica, se concentraron a la puerta de la empresa «a decirles los compañeros que todos estábamos en la calle, mientras tanto ellos haciendo horas extraordinarias»(11). Con un cierto dramatismo relata la reacción de los trabajadores no despedidos: «... los mismos compañeros se reían, como te lo digo, los mismos compañeros se reían»(11).

Lo que confiere relevancia a este relato es que la reducción de plantilla fue un proceso muy conflictivo. Durante dieciocho meses, con importantes apoyos sociales, el conjunto de la plantilla se opuso a cualquier reducción. Sin embargo, una vez resuelto el conflicto, se rompió la solidaridad y se redefinieron las relaciones entre los trabajadores: los que conservaron el empleo, por una parte, y los que lo perdieron, por otra.

Esta ruptura, gráficamente reflejada en el episodio de las horas extraordinarias, es congruente con las relaciones de solidaridad que se mantuvieron durante el conflicto. El cierre de filas tuvo su origen en que se desconocía quiénes iban a ser los que iban a perder el empleo. El enunciado de la solidaridad adoptó, sobre todo por medio de los dirigentes sindicales, una forma ideológica. Se presentó como producto de la conciencia de clase lo que no era más que una reacción defensiva ante una amenaza que afectaba a todos por igual. El mismo trabajador, activista sindical, que relató el episodio de las horas extraordinarias, reconsidera lo sucedido llegando a la conclusión de que si hubiera conocido de antemano quiénes iban a perder su empleo, «la movida no hubiera sido, ni parecida»(11). La clave de la estrecha solidaridad no era, pues, de naturaleza político-ideológica. Si el dato de quiénes iban a ser despedidos hubiera sido conocido, las actitudes solidarias hubieran sido más débiles. Este activista sindical se hace eco de lo que muchos trabajadores pensaban una vez terminado el conflicto: «Joder, si yo me hubiera enterado de esto, ¿a qué coño me hubiera roto los cuernos yo en ir a Madrid?»(11).

La solidaridad es, pues, en ocasiones, una carcasa vacía, una proyección ideológica exterior. Lo que emerge a un primer plano es la percepción de que los problemas son siempre individuales. Un trabajador, también despedido tras la reconversión y con una parecida experiencia de movilizaciones, dice al respecto: «Realmente, la que tiene el problema eres tú, ¿no?». Esa disolución de la solidaridad es marcadamente percibida por quienes han visto perder su empleo tras las movilizaciones. Quienes han mantenido el puesto de trabajo tras las movilizaciones continúan haciendo referencias a la solidaridad. El hablar de los demás trabajadores como compañeros, de la defensa de los demás como la defensa de uno mismo, obedece a su experiencia, pues gracias a la solidaridad mantuvo su empleo. El primero, por el contrario, perdió su empleo y es escéptico respecto de la solidaridad. No son, en ambos casos, vacías actitudes ideológicas lo que están expresando, sino reflexiones sobre la solidaridad a partir de sus respectivas experiencias.

Al analizar la solidaridad se observa la interrelación de dos órdenes de cuestiones. Una, relacionada con la efectiva posibilidad de ejercer esa solidaridad. Factores estructurales, como la morfología del mercado de trabajo y el crecimiento del desempleo, así como jurídico-institucionales, limitan su ejercicio. La precarización del empleo y la elevada tasa de paro no constituyen el clima más adecuado para su ejercicio. Igualmente uno de los objetivos políticos en la regulación de las relaciones laborales de la década de los ochenta ha sido el obstaculizar las huelgas de solidaridad. El otro orden está relacionado con las previas actitudes ideológicas del trabajador. Desde la figura prototípica del obrero solidario, la ideología prima sobre las condiciones exteriores. Sin embargo, parece reducido el número de trabajadores que responde a esta descripción ideal-típica del obrero. Por tanto, a medida que nos alejamos de este extremo, van cobrando mayor relevancia los condicionamientos internos. Los bajos salarios empujan a alargar la jornada de trabajo, como reconoce un delegado sindical. Pero las mismas nociones de «bajo salario» y «necesidades» son susceptibles de un amplio abanico de convenciones. De ese modo, el argumento que justifica el alargamiento de la jornada de trabajo se va situando imperceptiblemente en puntos distintos.

Ambos órdenes confluyen. La presión exterior dificulta la solidaridad, mientras que, desde la subjetividad de los individuos se desarrollan tendencias que erosionan y terminan finalmente argumentando su sustitución por la competitividad. La solidaridad puede quedar suspendida en el limbo de las referencias sin sentido. El obrero solidario puede comportarse como el individuo insolidario. Esta carcasa vacía se derrumba definitivamente cuando el trabajador saca las conclusiones del comportamiento práctico de sí mismo y de otros trabajadores. Cuando se percibe a sí mismo marginado de las referencias colectivas, se autodefine como individuo que sólo puede contar consigo mismo para resolver sus problemas. Desde esta autodefinición, lo que se vuelve conflictivo es, entonces, la relación entre el obrero solidario y el individuo competitivo. La solidaridad se configura entonces en términos estrictamente instrumentales, como defensa colectiva de intereses particulares. El universo que se contempla desde ahí no es el unificado de las clases sociales, sino el disperso de los individuos.

2
MOVILIZACION Y CONCIENCIA DE CLASE

El trabajador se suma a las movilizaciones bien porque le afectan directamente, bien porque, con distintos matices, se solidariza con sus objetivos. Movilización y conflicto son la cara y cruz de lo mismo. El momento de la movilización pone al desnudo las relaciones de poder que subyacen en la configuración de las relaciones laborales. La movilización es la ruptura de la normalización. Significa abrir un intersticio en una relación regida por las leyes del mercado. A medida que el orden económico se configura en términos de estricta racionalidad de mercado, la movilización es un hecho irracional. Es el intento de alterar las relaciones técnico-económicas desde presupuestos que no lo son. Si se supone que el mercado es el instrumento de asignación correcta de los factores que intervienen en el proceso económico, la intervención exterior o bien es superflua o bien opuesta a la lógica de la economía.

En la apertura de este intersticio está contenida la posibilidad de la crítica radical al orden de la economía. Y esto, en dos sentidos. Por una parte, porque cuestiona la supeditación de las necesidades del individuo a los requerimientos que señala la técnica económica. Por otra parte, porque muestra que la naturalidad técnico-económica no es más que un producto ideológico de las relaciones de poder. Y es en la referencia a ambas posibilidades en la que se ha querido ver, en muchas ocasiones, a la movilización como el proceso práctico-político de formación del obrero.

La movilización contiene, sin embargo, una posibilidad regresiva. Del mismo modo que muestra el carácter político de las relaciones laborales, puede mostrar la imposibilidad de alterar esas relaciones de poder. Del resultado de la movilización, por tanto, no sólo puede formarse la conciencia obrera sino también la conciencia del ciudadano.

Por último, la movilización no tiene por qué seguir la línea que va desde la apariencia natural de los hechos económicos hasta su percepción como hechos políticos. Una cosa es que la movilización abra la vía hacia un cuestionamiento radical del orden de relaciones y otra diferente es que toda movilización se sustente en el seguimiento de esta línea. Radicalidad teórica y radicalidad práctica no son dimensiones necesariamente unificadas. Una y otra pueden enmarcarse en contextos diferentes. La radicalidad teórica puede terminar en la negación de cualquier alternativa y, paralelamente, la radicalidad práctica puede estar basada en la mistificación del análisis teórico.

El proceso de reconversión que ha acompañado a la reestructuración productiva ha dado lugar a prolongadas movilizaciones. El haber afectado a núcleos sindicalizados, con elevada concentración de trabajadores y con tradición de movilizaciones, explica la intensidad de estos conflictos. A la vez, han sido conflictos aislados que apenas han suscitado reacciones de solidaridad. Radicalidad y aislamiento han sido, pues, la característica de estos grandes conflictos.

El efecto político de la movilización fue notorio en el caso de la reconversión en el Puerto de Sagunto. Durante dieciocho meses, prácticamente toda la población apoyó, con constantes acciones, a la plantilla de Altos Hornos. Otras movilizaciones (Ferrol, Gijón, etc.) tuvieron un carácter diferente. Fueron prolongadas en el tiempo, contaron con la simpatía de la población, pero la participación efectiva en las movilizaciones se redujo a vanguardias más o menos amplias.

En una y otra movilización el acento estaba puesto sobre cuestiones distintas. En el Puerto de Sagunto había una amplia coincidencia en calificar el cierre como político. En los otros casos lo que emergía como idea dominante era no tanto el cuestionamiento de la reconversión, sino el proceso seguido en ella. La generalización de esa diferencia sólo es relevante a la hora de fijar las características de argumentaciones diferentes ante la reconversión. Permite detectar claramente dos modalidades de discurso como soporte de las movilizaciones. Una, en la que se resalta el elemento político, y otra, en la que se incidía en el aspecto económico de este proceso. Sería injustificado señalar sin más que la primera fuera la clave de las movilizaciones masivas y la segunda de las movilizaciones vanguardistas. La cuestión a la que aquí se quiere aludir es a la implicación discursiva de una y otra modalidad de argumentación.

La divisoria entre la referencia a lo político y a lo económico choca con una dificultad inicial debida a la polisemia de ambas palabras. Sucesivas explicaciones acerca de la reconversión como un hecho político han venido a coincidir, en ese contexto, en hacerla sinónimo de una opción discrecional. La contraposición entre político y económico tiene, pues, aquí el significado de la contraposición entre lo discrecional y lo que es producto de la necesidad.

La imbricación de cada una de las argumentaciones responde a orígenes diferentes. El argumento que resalta lo político se va a desarrollar en el sentido de cerrar las posibilidades de enunciar las relaciones capital/trabajo. Por el contrario, el argumento que señala la centralidad de lo económico tiene su origen en la tradición que describe las relaciones sociales en términos de relación capital/trabajo. Bajo ambas referencias lo que laten son dos ejes diferentes de interpretación. Uno, que en la tradición del discurso militante trata de leer el conflicto en términos de antagonismo capital/trabajo. La racionalidad económica es el hilo conductor de la explicación del conflicto. Otro, fuera de esta tradición, que pone en primer plano la decisión subjetiva. Es posible extremar las diferencias últimas entre ambas argumentaciones, en su relación entre la política y la economía. En primer lugar, esta relación se superpone a la relación entre lo subjetivo y lo objetivo, entre aquello que es arbitrario y lo que obedece a determinaciones necesarias. En segundo lugar, mientras la argumentación económica hace de lo político un momento subordinado, la argumentación política excluye el elemento de la necesidad y resalta la autonomía de lo político.

El efecto implícito de cada una de las posiciones es diferente. En un caso, en la primacía de lo político, el objetivo de la movilización es conseguible, mientras que en otro caso desemboca en el reconocimiento de la ineluctabilidad de las leyes de la economía. La movilización continúa sobre un objetivo que se considera inmediatamente posible: es la conclusión en un caso. La negociación acerca de las formas de resolver el conflicto es la conclusión en el otro caso.

Se señalaba anteriormente que la movilización abría un resquicio en la superficie de la racionalidad técnico-económica. El discurso económico que siempre ha insistido en la oposición capital/trabajo, vuelve a cerrar este resquicio, incapaz de trascender esa racionalidad. El discurso político profundiza y abre este resquicio, pero se sitúa en el plano donde se hace abstracción de la racionalidad técnico-económica.

El argumento político se sitúa fuera del campo de las relaciones económicas. Las causas de la reconversión son percibidas como políticas. Un trabajador explicaba así el origen de la reconversión: «Yo no soy político, porque no voy a entrar por estos terrenos, pero esta empresa fue cerrada más que nada por presión política»(13). Con esto se estaba refiriendo a una versión ampliamente difundida del porqué de la reducción de plantilla en Altos Hornos de Sagunto. En resumen, la explicación de lo sucedido señalaba lo siguiente: la entrada de España en la C.E.E. exigía la reducción de la producción de acero nacional. Esta reducción implicaba lógicamente el cierre de unidades productivas y la reducción de plantillas. Existía la alternativa de reducir la producción en Altos Hornos de Vizcaya o hacerlo en Sagunto. Tanto por la calidad de las instalaciones de Sagunto como por su situación geográfica, parecía que Altos Hornos de Vizcaya era el candidato lógico a la reducción. Sin embargo, el Gobierno se inclinó por Sagunto debido a la existencia de ETA y el efecto que esto pudiera tener en el País Vasco. Este relato fue la base sobre la que se construyó la tesis del carácter político del cierre. El Gobierno no tuvo en cuenta lo que dictaba la racionalidad económica, de ahí que su decisión fuera calificada de política, es decir, arbitraria.

Este relato contiene elementos de distinta naturaleza. Algunos manifiestamente falsos, como la modernidad de las instalaciones de Sagunto. Otras verosímiles, como la posición geográfica de la zona, o como la situación política en el País Vasco. En este relato existe, también, un supuesto subyacente: el no cuestionamiento de la validez de las razones técnico-económicas. La radicalidad de la argumentación política estaba basada en señalar que era a las Acerías del Norte a las que correspondía aplicar la reducción de plantillas. La abstracción de la referencia económica aparece aquí con un nuevo significado: el de no negar su validez, sólo cuestionar que fuera cierto en el caso de Sagunto. De este modo, la argumentación política traslada el problema hacia una óptica profundamente insolidaria. Era a otros a quienes correspondía ser reconvertidos. Describir la reconversión en Sagunto como política es lo mismo que hacerlo en términos de agravio injustificado.

El argumento fue construyéndose a lo largo del conflicto. Su secuencia comprende varios momentos. Primero, señalar la diferencia de situaciones políticas entre el País Vasco y Sagunto: «Igual que en Vizcaya se cerraba Lemoniz, porque en el País Vasco hay una presión que es ETA, pues Altos Hornos de Vizcaya, ojo, que es Altos Hornos»(14). En el reforzamiento de este argumento se llega incluso a ignorar la obsolescencia real de las instalaciones de Sagunto. Se llega incluso a extremar este olvido, concluyendo que «era en aquel momento la industria más moderna de Europa»(14). Se construyeron incluso fabulaciones sobre la tecnología del acero, el ancho de los laminados, etc., que nada tenían que ver con la realidad. En una de las fases más álgidas de las movilizaciones esto se concretó en un *slogan* ampliamente repetido: «El mejor acero del mundo».

Al insistir sobre la ideoneidad tecnológica y la rentabilidad económica se estaba enfatizando la falta de razones reales para el cierre. La fabulación sobre la modernidad de las instalaciones cumplía la función de poner de manifiesto la naturaleza política del cierre. Se construyó incluso un binomio en el que se emparejaba la obsolescencia tecnológica de Altos Hornos de Vizcaya y la presión política que podía protagonizar ETA. Esto se contraponía al binomio modernidad tecnológica/ausencia de presión política. El argumento político se explicitaba, finalmente, en que se había optado por Sagunto por ser los más débiles políticamente. Las movilizaciones eran un intento de reequilibrar esa presión.

La contraposición entre lo técnico-económico y lo político es la que existe entre lo necesario y lo arbitrario. Está perfectamente asumido que una decisión tomada sobre argumentos técnico-económicos es la decisión legítima que contrasta con la ilegitimidad de la decisión política. La raíz del conflicto era, pues, la percepción del agravio comparativo.

Sobre esta base se articula la movilización que va más allá de los directamente afectados. Al hacer hincapié en el agravio comparativo, quienes se sienten agraviados no son los trabajadores sino el pueblo entero. Todos se veían discriminados por una decisión, aun cuando no les afectara directamente. Un trabajador describe así al sujeto de la movilización: «El pueblo, claro, se tiró encima. Normal. Todo el pueblo. Y en diferentes tipos sociales, derechas, centros, fachas, rojos y de todos los colores»(13). No es la movilización del «Obrero» contra el «Capital», sino del pueblo contra lo que considera un agravio comparativo.

La movilización se fue alejando de la inmediata cuestión laboral. No se pone en primer plano ni el volumen de los despidos ni su suerte. Lo que está en primer plano es el cierre de la fábrica. Un trabajador explicaba esa centralidad de objetivos: «Mi padre trabajó en la factoría, yo a los catorce años entré en la escuela de aprendices de Altos Hornos»(15). Es la significación social de la fábrica, producto, entre otras cosas, de su significación económica para el pueblo, lo que hizo que la movilización fuera una defensa de la propia fábrica. Las causas de la movilización se explicitaban desde esta perspectiva así: «La gente se sacrificó porque... la chimenea, el humo, el pito... mi padre ha crecido aquí, yo he crecido con un pito, el de las seis de la mañana»(15). Con esta explicación quedaba claro que de lo que se estaba hablando era del conflicto entre el pueblo y una decisión política.

Los elementos estrictamente laborales estaban presentes en el conflicto, pero ocupaban un lugar secundario. De hecho lo que se estaba planteando no era una lucha contra la reconversión sino contra el cierre de la fábrica en Sagunto. Todos los intentos de traducir lo que estaba sucediendo a los términos del discurso militante, tuvieron un resultado marginal. El efecto directamente económico que el cierre podía tener sobre la actividad de la zona estuvo presente en el conflicto, pero en modo alguno fue el catalizador de la solidaridad. La movilización fue el cauce para expresar la oposición al Gobierno, como responsable de esa arbitrariedad política, pero el Gobierno no fue visto en términos de clases sociales. De hecho, en el momento final del conflicto los sindicatos que negociaron el acuerdo, la dirección de la empresa y la administración, fueron colocados en el mismo bando. Formaban el conjunto de los políticos, que habían sometido al pueblo a una decisión arbitraria.

El dueño de un bar, que participó activamente en las movilizaciones, explica así su participación: «Los comerciantes apoyamos bastante a los obreros... No fue un apoyo por intereses inmediatamente económicos. La razón del apoyo fue que en este país los comerciantes estamos muy machacados, estamos muy quemados y a la mínima se apoya»(16). Al explicitar las causas del descontento, continúa: «Se estaba bastante disgustado con el Gobierno, con los impuestos... no hay ninguna clase de hechos...»(16). Están ausentes las explicaciones que puedan establecer alguna vinculación entre su posición personal y su participación en el conflicto en términos de solidaridad de clase. La alusión a la falta de derechos tiene su origen en la sensación de agravio comparativo que permeaba el conflicto. Ésta se encuentra en el horizonte y sirve para canalizar descontentos de muy distintos signos.

Si el discurso dominante hubiera sido el de la racionalidad económica, podría haberse construido a través de él la génesis del conflicto. Sin embargo, hubiera, a la vez, cerrado el problema entorno a los inmediatamente afectados. El hecho de ser económicamente damnificados, ya por pérdida de empleo ya por efecto de esa pérdida, hubiera constituido la referencia explícita de quienes se movilizaron. Este último punto de vista es el que se desarrolló en otros conflictos y tuvo el efecto de orientar el problema en otra dirección.

En ellos la reconversión se cuestionó únicamente por la forma en que se llevó a cabo. Un trabajador que participó en las movilizaciones contra la reconversión, explica este punto de vista: «Siendo conocedores de la necesidad de una reconversión industrial, lo que no estábamos de acuerdo es con la forma en que se llevó a cabo la reconversión»(17). Otro trabajador fue todavía más explícito: «... aquí son los sueldos muy altos. Entonces se metió gente de más en un momento dado y ahora sobraba»(18). Lo que, en ambos casos, se ha situado en primer plano es la referencia económica. Ésta impone como necesaria la reducción de plantillas. La movilización se orienta hacia la negociación de las modalidades de la reconversión.

Lo que aquí está en un primer plano es el problema laboral, no la cuestión del cierre ni la de la fabricación. Mientras que en el caso anterior la negociación está bloqueada, aquí es su salida. Las movilizaciones tienen diferente sentido: en un caso, cuestionan la negociación y, en otro, son el soporte de ella.

El mismo proceso de reconversión, sin embargo, es visto en forma diferente por los trabajadores que perdieron su empleo. Un antiguo trabajador describía así el proceso: «El castigo en este caso concreto fue Astano y, sin embargo, a nivel mundial, éramos la élite... se valoraba mucho la mano de obra, se valoraba la tecnología que teníamos dentro... Bueno, lo mejor que había en Europa ¡vaya! Entonces yo creo que fue un decreto político»(19). Análoga argumentación se encuentra en una trabajadora, ésta de una zona distinta, que también perdió su empleo: «Aquí, hasta entonces había trabajo. Lo que pasa es que la empresa se quería deshacer del astillero y dijo, la mejor oportunidad, la reconversión»(12). Paso por paso se repite la misma argumentación: la falta de razones técnico-económicas y la naturaleza discrecional del cierre. También el mismo énfasis en los aspectos tecnológicos: lo mejor de Europa, la mano de obra más cualificada, etc. Todo ello sirve para resaltar la arbitrariedad, el carácter político de esa medida.

Todas estas argumentaciones es posible distribuirlas en campos diferentes. La argumentación política está allí donde la reconversión se ha percibido como una efectiva agresión. La argumentación económica allí donde, a pesar de todo, se ha superado la situación. El rechazo de la negociación y el pragmatismo no son alternativas de un mismo sujeto. Rechaza la negociación y se refugia en el argumento político quien se ve excluido por la reconversión. Asume actitudes pragmáticas y hace hincapié en factores económicos quienes atravesaron la reconversión sin perder su puesto de trabajo.

Esta distribución de las argumentaciones refleja una escisión en el campo ideológico. En último término, se abre la posibilidad, para unos, de racionalizar la aceptación de la reconversión, y, para otros, de racionalizar el rechazo a la reconversión. Retornando a la imagen prototípica del obrero, el discurso militante proyecta un argumento único frente a la reconversión. Su enunciado central es hacer de la reconversión el producto de la lógica capitalista. La antítesis capital-trabajo será el hilo conductor de las movilizaciones. Sobre esto se fundamenta la solidaridad entre todos los trabajadores. Ese discurso militante, esgrimido por minorías radicalizadas en todos los conflictos, flotaba como un cascarón vacío. Sin embargo, el que la racionalización del conflicto en estos términos no fuera colectivamente asumida, no significaba que fuera falsa. De hecho, el proceso de reconversión se inscribe en el proceso de recuperación de la tasa de beneficio, condición indispensable para permanecer en el mercado. El centrar el debate sobre la reconversión en los datos económicos es congruente ya que éstos son quienes determinaban si debe o no tener lugar. En esta perspectiva, la reconversión no es un proceso arbitrario sino un producto político.

En este punto termina la similitud entre el discurso militante y la argumentación económica. El discurso militante hace de la lógica económica un producto de las relaciones políticas. De este modo la necesidad de la reconversión se lee en términos de radical cuestionamiento del orden vigente. No es eso lo que lee el argumento económico, que queda retenido en la inmediatez. La argumentación política coincide con el discurso militante en la naturaleza política de las relaciones sociales. Pero se trata de una mera similitud formal. La exclusión de la mediación técnico-económica determina que sea otro el significado de la argumentación política. Una y otra argumentación no se despliegan como el discurso militante sino más bien en oposición a él. Lo que, expresado en otros términos, es lo mismo que afirmar que ambas racionalizaciones de la movilización se alejan del obrero y se aproximan al ciudadano.

Del análisis de los argumentos de la movilización se puede llegar a dos conclusiones. La primera es que la radicalidad de las movilizaciones no tiene por qué sustentarse en un discurso basado en racionalizaciones que hablan de la lógica del capital. La segunda es que, si se conectan las argumentaciones con quienes las sostienen, se derivan dos comportamientos distintos: el de aquellos que han asumido la reconversión como una consecuencia necesaria de los datos económicos y el de quienes rechazan este proceso como arbitrario. Ambos son irreductibles y se refieren el uno al otro en términos diferentes. Desde el primero, los otros, los que perdieron el empleo, no son más que víctimas de un objetivo proceso de racionalización económica. Por mucha que hubiera sido la solidaridad y amplias las movilizaciones, era inevitable que esto sucediese. Desde el segundo, los otros, los que conservaron el empleo, lo hicieron porque fueron arbitrariamente favorecidos. Esta última posición puede extremarse hasta ver en los otros a quienes traicionaron a los que perdieron el empleo. En un caso, la solidaridad aparece como una actitud sin posibilidades prácticas y, en otro, como una actitud moral, que no fue suficientemente respaldada.

Hasta ahora se han barajado tres referencias: al discurso militante, a la argumentación política y a la argumentación económica. Estas tres referencias han permitido fijar la distancia entre el «obrero» y el comportamiento de los trabajadores que los aproxima a la condición de ciudadanos. Las relaciones entre ambos campos, obrero e individuo, discurso militante y argumentación política y económica, no están cortadas por un muro infranqueable. El situarse en un punto u otro no tiene una clave psicológica. No es la dualidad obrero consciente y obrero alienado un trecho que se recorre desde la «posesión» de la verdadera conciencia hasta la falsa conciencia. Por el contrario, el propio discurso militante, o, en otros términos, la ideología del «obrero» contiene los elementos que lo deslizan hacia la argumentación individualista. Y es que, más allá de la explicación de todo conflicto en términos de relación capital/trabajo, hay una dualidad irresuelta en esa argumentación. Por una parte, se describe el funcionamiento del capitalismo en términos antropomórficos como oposición burguesía/proletariado. Por otra parte, esta oposición se inscribe en un contexto en el que la racionalidad vigente es una falsa racionalidad. El punto de vista de la clase obrera expresa, en esta construcción, la verdadera racionalidad.

Desde estos supuestos es posible argumentar en sentidos

encontrados. Puede argumentarse en forma radical, mostrando la reconversión como opción política de la burguesía sobre el proletariado. Puede argumentarse, también, a partir de la mediación económica, intentando mostrar el carácter irracional de la reconversión. Se pueden, de este modo, construir pares de relaciones. Por una parte, identificando racionalidad económica e interés de los trabajadores y, por otra parte, identificando irracionalidad económica con intereses de la burguesía. Ahora bien, la racionalidad o irracionalidad económica es en el mundo universalizado de la mercancía, algo perfectamente calculable. La eficacia económica, la tasa de ganancia en definitiva, medida en términos monetarios, da la medida de esta racionalidad.

El proceso de reconversión no es una azarosa aventura política. Ni tiene su origen en la opresión de la clase obrera. Su origen está en la región donde se determina la viabilidad o no de los hechos económicos. El discurso militante choca con la dificultad insalvable que supone el vincular «burguesía» con «irracionalidad económica». En la medida en que la reconversión se muestra como económicamente racional, el discurso militante llega a una conclusión sorprendente: la reconversión es beneficiosa para el trabajador. De ahí que, finalmente, el problema se desplace hacia la discusión sobre la modalidad de la reconversión.

El discurso militante se desliza hacia la contraposición entre lo racional y lo irracional, entre quienes aceptan la reconversión y quienes la rechazan. Se produce, como se producirá en otros casos, un cruce de significados. La radicalidad del discurso militante deriva en la moderación práctica frente a la reconversión. Por el contrario, la irracionalidad de quien se sitúa fuera de este discurso es el cauce de su radical posicionamiento frente a la reconversión. Los campos entre trabajadores se abren. Mientras unos permanecen en la racionalidad y conservan el empleo, otros han perdido su empleo y se deslizan hacia la irracionalidad.

El discurso militante, la ideología del «obrero» contiene, por tanto, la posibilidad de la escisión entre los propios trabajadores. Su incapacidad para dar cuenta de las relaciones reales, de la naturaleza del orden económico, lo hace flotar y le permite asumir distintos papeles en una misma representación. Le permite ser el punto de referencia de la conciencia obrera, desde la cual discriminar en favor de una u otra argumentación y le permite, a la vez, ser el origen de la ambigüedad en la que queda preso el obrero cuando se moviliza.

Esta ambigüedad se va a poner de manifiesto en el efecto que tiene la movilización sobre los trabajadores. Este efecto refleja la parálisis en la que unos y otros, quienes argumentan políticamente y quienes lo hacen económicamente, quedan sumidos tras las movilizaciones contra la reconversión. Desde la idea de que la reconversión fue necesaria se paraliza en ulterior pasaje a la toma de conciencia política alternativa. En todo caso, la conciencia política se construye sobre la afirmación de que lo que sucede es inevitable. Desde el cuestionamiento político se llega a la conclusión de que el carácter arbitrario de la política obliga al individuo a resguardar él mismo sus intereses. En uno y otro caso, tras la experiencia de la movilización, la conclusión es similar: la desprotección frente a lo que sucede. Quienes han quedado dentro del mercado de trabajo y quienes han quedado fuera se diferencian en justificar unos la reconversión y en rechazarla otros. Pero se asemejan en que, frente a la lógica que se les impone como exterior, no existen posibilidades de oposición en cuanto al propio proceso de reconversión económica. Lo único que queda abierto es la posibilidad de evitar ser uno de los perjudicados. La iconografía tradicional sobre la clase obrera ha pasado por encima del hecho obvio que ésta es un conjunto de individuos socializados ideológicamente. Los cambios en las relaciones laborales son leídos como cambios de la relación de la clase obrera. Pero la realidad es que donde se encarnan estos cambios es en individuos y, lo que es relevante, da lugar a situaciones diferenciadas. Si la alteración de la condición material no es la misma, resulta evidente que sólo las referencias ideológicas permiten continuar hablando de clase obrera. Pero como elemento de socialización, sus ambigüedades terminan por disolverla en un universo fragmentario.

Un trabajador que había considerado la reconversión como económicamente necesaria y que conservó su empleo, resume su experiencia de la movilización en un gráfico «quedé bastante dañado»(18). En ello resume la tensión en la que vivió todo el proceso cuyos resultados eran inciertos para él. La época de movilización la recuerda «como un infierno», que le obligó a recurrir al psiquiatra para aliviar la tensión.

Su relato no contiene referencias a otros trabajadores, a pesar de haber participado en asambleas y movilizaciones. El conflicto se le fue apareciendo como irresoluble. La solidaridad con sus compañeros fue tomando el cariz de una acción defensiva. Progresivamente, a medida que avanzaba el conflicto, se fueron rompiendo los lazos entre él y sus compañeros. Si la reconversión era necesaria, si había que reducir puestos de trabajo, lo que pasaba a un primer plano era la cuestión de quién iba a perderlo. La lógica de la situación no empujaba hacia la solidaridad, sino hacia la competencia. Ante lo inevitable del proceso estaba igual de inerme que el campesino frente al pedrisco. El resultado del conflicto no fue el fortalecimiento de una eventual conciencia obrera, sino una crisis personal. Crisis que evidentemente tuvo consecuencias en el plano ideológico.

A lo largo de todo el proceso asistió a múltiples asambleas. En ellas tuvo ocasión de escuchar múltiples argumentaciones y discusiones sobre la reconversión. Las manifestaciones a las que asistió así como el apoyo de una parte de la población, contenía la posibilidad de reforzar su autoidentificación como obrero. Sin embargo, cuando hace balance de lo que significó ese proceso para él, no hay trazas ni de una mayor radicalidad ideológica ni de un eventual reforzamiento de la autoidentificación colectiva. Lo que señala es un cambio de personalidad: «Yo antes era más alegre, más, más, ... y, ahora, pues soy, soy más conservador»(18). Cambio que ha tenido un reflejo ideológico: ser más conservador.

Esta referencia al hecho de ser más conservador no debe interpretarse en el sentido literal de un cambio de signo de su ideología política. En otro punto de la entrevista desmiente esta interpretación, pues no ha modificado su adscripción político/ideológica: «Es que yo tengo unos sentimientos socialistas y yo no cambio de voto»(18). «Conservador» tiene aquí otro significado y es el de desconfiar de las acciones colectivas. Ser más conservador es la conciencia de que su situación personal, desvinculada de los demás trabajadores, está sometida a modificaciones que escapan a su control. Significa alejarse de la autoidentificación colectiva y acercarse a una posición individual. La compatibilidad entre ser más conservador y permanecer en el campo del voto socialista se establece sobre la base de los siguientes supuestos. Primero, atribuyendo significados distintos a una cosa y a otra: se es más conservador personalmente y se mantiene la misma orientación política. Segundo, esta atribución de significados distintos es una ruptura respecto de la linealidad del obrero. La autoconciencia colectiva, la creencia en la posibilidad de la movilización, tenía su correlato en el voto socialista. Correspondía al obrero votar socialista. No existe esta linealidad ahora. No participar en las movilizaciones, asumir que lo que sucede es inevitable, es compatible con la ideología socialista porque ésta, a su vez, se percibe como una referencia desvinculada de su entorno inmediato.

Una idea similar expresa una trabajadora que había perdido el empleo. Al hacer balance de las movilizaciones dice escuetamente: «Lo único que adquirimos fue miedo»(21). La experiencia es similar al caso anterior y tiene como conclusión el distanciamiento de las movilizaciones: «Somos menos valientes..., somos menos luchadores que antes»(21). Esto no es más que otra forma de decir que se es más conservador.

El proceso de reconversión que ella había vivido se saldó con la imposición de criterios de racionalidad técnico-económica. Asumidos por unos y rechazados por otros, ambos tenían en común el percibirlos como inevitables, como criterios de origen exterior. El interés privado del trabajador es definido exteriormente, diferenciándose el corto plazo del largo plazo. A corto plazo, debe supeditar sus intereses a la recuperación que supone la reconversión. Sin embargo, la ideología del liberalismo económico enuncia lo opuesto y es que la libertad para la persecución de los propios intereses es la condición para la recuperación y el desarrollo económico.

El isomorfismo privado/público es, pues, establecido en términos diferentes para partes diferentes de la sociedad. En el caso del trabajador, de lo que se habla es de su verdadero interés. En otros términos, el interés privado del trabajador está sujeto a la administración pública. El otro interés, el privado, sin embargo, es privadamente administrado. El primero es mediado exteriormente, el segundo no requiere intervención exterior y es de concreción inmediata. Esta falta de simetría revela las consecuencias totalitarias que para el trabajador tiene la racionalidad económica. Lo discrimina como quien no ha alcanzado la mayoría de edad. La constitución del obrero, como categoría política, es la puesta en claro de esta relación subordinada. Disuelta la naturalidad de esta falta de simetría, la racionalidad económica aparece como la gramática de la dominación política.

La percepción de esta disimetría sólo puede ponerse de manifiesto desde el punto de vista del obrero. La abstracción del individuo permite generalizar el isomorfismo privado/público, excluyendo el hecho que unos intereses privados son mediados y otros son de realización inmediata. El «obrero», como categoría alternativa, sólo puede construirse, por tanto, en ruptura con el humanismo, desde el cual las categorías discursivas de la economía reflejan un mundo de relaciones en el que todos los individuos están sujetos a las mismas determinaciones. Si todos los individuos tienen las mismas oportunidades, el hecho del dominio tiene claves exclusivamente psicológicas.

Tanto el discurso militante, que no es más que una prolongación del humanismo, como las argumentaciones político-económicas se mueven en el ámbito de las categorías discursivas generales. La inevitabilidad con la que finalmente se percibe la reconversión, no se traduce en la ruptura radical con el orden económico desde el cual se traza esta inevitabilidad. Se traduce, por el contrario, en la asunción de la imposibilidad personal de sustraerse a las determinaciones exteriores.

3

LA HUELGA GENERAL

La huelga general del 14 de diciembre puso de manifiesto la fisura en el sistema de representación política. La imagen del Parlamento, reunido en sesión ordinaria entorno a un orden del día trivial, contrastaba con la paralización de la calle. El consenso entre los grupos parlamentarios, con una pequeña excepción, fue completo en su oposición a la huelga. La contraposición entre el Parlamento y la calle puso de manifiesto, fugazmente, la distancia entre la representación democrática y la administración de la democracia. Sin embargo, meses después, unas elecciones generales reprodujeron básicamente el mismo cuadro político en el Parlamento.

Desde las instancias político-económicas opuestas a la huelga general se plantearon tres objeciones: en primer lugar, el carácter político de la huelga; en segundo lugar, el carácter particular y, en consecuencia, corporativo de la convocatoria, y por último, que la huelga implicaba el cuestionamiento del derecho al trabajo, era un acto de coacción y en consecuencia un acto no legítimo.

Estas objeciones ponían de manifiesto varias cosas. En primer lugar, se inscriben en la ideología de la completa separación de planos entre la sociedad política y la sociedad civil. El Parlamento es la instancia representativa de la sociedad civil, único lugar, por tanto, de la práctica política. Desde esta misma ideología, se contrapone el orden democrático al orden corporativo. Este último significa la transgresión del principio político de la representación democrática. La objeción de ser política y de ser corporativa son la cara y la cruz de lo mismo.

En segundo lugar, la objeción de corporativismo tiene también otro significado. Éste relacionado con la segmentación del mercado de trabajo entre quienes han conservado el empleo y quienes lo han perdido o no habían accedido a él. Como ya se ha señalado en la segunda parte, a partir de 1977-1979, se pasa de una política

111

contra el desempleo basada en el reparto del trabajo a otra basada en la gestión de la flexibilidad. Esta última se basa en el supuesto de que el origen del desempleo radica en la estructura del mercado de trabajo. Las rigideces institucionales, es decir, la garantía del puesto de trabajo y la cobertura institucional de las condiciones salariales, son vistas como las causas del desajuste económico y por tanto del desempleo. El Plan de Empleo Juvenil, desencadenante inmediato de la huelga, era un nuevo avance en la flexibilización y, dentro de él, de la gestión liberal de la economía. Desde esta última óptica, se interpretaba la oposición a la flexibilización como una defensa de los intereses particulares/corporativos de quienes tenían empleo, frente a quienes no lo tenían o lo tenían en condiciones precarias. La objeción de corporativismo tenía, pues, como trasfondo la definición exterior de los intereses de los trabajadores como cumplimiento de los presupuestos de la gestión liberal. El corporativismo se entendía como la incapacidad de los sindicatos para asumir tanto los objetivos de la recuperación económica como la defensa de los intereses de unos trabajadores frente a otros trabajadores.

Una y otra objeción, ser política y ser corporativa en ese doble sentido, remitía a una estructura piramidal en cuyo vértice el Estado administra la sociedad civil. La racionalidad técnico-económica prescribía la flexibilidad para la fuerza de trabajo. La huelga general es, pues, no sólo el cuestionamiento inmediato del flexibilidad, sino el cuestionamiento de la estructura piramidal en cuyo vértice habita la racionalidad económica. Contenía, por tanto, la posibilidad de trastocar un orden político que hacía de la libertad de mercado una de sus premisas. La imagen del Parlamento reunido en sesión ordinaria y de la calle parada iba, por tanto, más allá de la anécdota para simbolizar esa ruptura, esa posibilidad de subversión.

Sobre la superficie de la normalidad, de lo que se constituye como orden, la coacción no existe y el derecho al trabajo se reduce a lo que el individuo puede ejercer voluntariamente. La huelga, sin embargo, hizo emerger tanto la coacción que significa la flexibilidad, como el carácter necesario del trabajo para quien sólo cuenta como fuerza de trabajo. Cuando el individuo se relaciona conflictivamente con el orden, deja de ser ciudadano. La huelga, al agitar esa superficie, excluía momentáneamente a quienes la apoyaban de la condición de ciudadanos. Ya no era el ejercicio de un derecho sino, momentáneamente, un acto delictivo. Agitar la normalidad de las leyes del mercado transfiere a quienes lo hacen el estigma de la coacción. El paralizar la actividad se transforma en virtud de la administración de la ideología liberal, en violación del derecho al trabajo.

Las objeciones y el apoyo a la huelga pueden colocarse en un continuo: en uno de los extremos, la negativa a secundar la huelga configura el prototipo de ciudadano; en el otro extremo, el apoyo a la huelga configura el prototipo del obrero. Entre uno y otro extremo se van a desarrollar las distintas argumentaciones de aquellos que en una forma u otra estarán directamente implicados en la huelga.

Un empleado de banca señalaba la primera de estas posiciones en este continuo. En su actitud se conjugan dos elementos: el rechazo de la huelga y el reconocimiento de ciertas razones que la avalaban. Su reflexión sobre la huelga es radical: «una chapuza, pero de las grandes»(22). Su juicio negativo recoge una de las objeciones a la huelga, la huelga como producto de la coacción: «Las huelgas aquí en España, se dice que son democráticas, pero si la huelga es un derecho también hay un derecho a trabajar... existe derecho a la huelga, existe la obligación de hacer huelga cuando un sindicato la pide y cuando hay una serie de piquetes. Pero no existe un derecho al trabajo»(22). Esta reflexión contiene distintos elementos. El primero, es la referencia a la democracia. La huelga como no democrática y la huelga como producto de la democracia, son los significados entre los que se mueve su referencia a la democracia. El segundo, es la huelga como producto de la coacción. No hay la menor concesión acerca del carácter voluntario de la huelga. Describe una suerte de dictadura sindical —«existe la obligación de hacer huelga cuando un sindicato la pide»— que coacciona a los ciudadanos. Por último, la contraposición entre derecho de huelga y derecho al trabajo. El derecho al trabajo es anulado por la coacción de los sindicatos y —dentro de la ambigua utilización del término «democracia»— por la falta de autoridad.

Su rechazo a la huelga es, sin embargo, compatible con el reconocimiento de razones que pudieran justificarla: «La convocatoria, en principio, podría estar justificada»(22). En otro momento se hace eco de una reflexión que en otros trabajadores desembocará en el apoyo incondicional a la huelga. Hablando de la situación general dice: «Ha mejorado en cuanto a las empresas... en cuanto al trabajador, está perdiendo cada vez más»(22). Él no se identifica como trabajador, sino que habla desde una posición diferente, la del empleado que es radicalmente crítico con los sindicatos. La huelga la justifica en parte, porque desde fuera —efectivamente los trabajadores han perdido frente a los empresarios— y desde dentro, porque se refiere a su situación en términos de deterioro.

Esa misma contextualización de rechazo y justificación se encuentra en la médico que había insistido en su autoidentificación estamental. Refiriéndose a la huelga dice: «Estupendo que todo el mundo la siguiera»(3). Las razones de su apoyo a la huelga fueron la actuación del Gobierno «que favorece a las grandes empresas y perjudica a la clase médica»(3). Anteriormente había mostrado su rechazo a los sindicatos y en esto coincide con el empleado de banca. Se diferencia de él en que no es beligerante frente a la huelga. Pero su aproximación a la huelga lo es sobre la distinción entre un estamento y la clase trabajadora. Su apoyo a la huelga incluye varias tomas de posición. Una, que señala, como lo hace el empleado de banca, el creciente proceso de polarización económico-social: «Hay un sector que se está enriqueciendo a marchas forzadas y otro que se está empobreciendo»(9). Otra, que se refiere a su propia condición de asalariada a quien el Gobierno controla por medio de la nómina. Esto lo considera un agravio comparativo respecto de otros no controlados que «escaquean el dinero»(3). A ello se une la acusación de corrupción y derroche: «dilapidan la pasta que nos cuesta»(3), dice a modo de conclusión, refiriéndose al Gobierno.

En ambos casos el seguimiento de la huelga, más crítico en el empleado, no supone la identificación ni con los sindicatos ni con sus objetivos. Los argumentos que justifican la huelga son la polarización económica, las ganancias de la empresa y el retroceso de trabajador. Se trata de una convergencia momentánea que puede resumirse así: contra el Gobierno y en contra de los sindicatos, pero a favor de la huelga. Desde la mayor distancia del empleado de banca ésta se refleja en la lapidaria afirmación: «Hubo manipulación en todo, por parte del Gobierno y por parte de los sindicatos»(22).

El mismo distanciamiento respecto de sindicatos y Gobierno conduce al rechazo militante de la huelga. Un funcionario explica por qué no secundó la huelga: «Porque no lo veía claro, estaba cabreado con el Gobierno, estaba cabreado con el sindicato, y por otro lado me fastidiaba que me quitaran el importe de ese día»(23). La huelga, a pesar de no haberla seguido, la vio, sin embargo, justificada: «Era conveniente darles un toque»(23).

Los sindicatos jugaron el papel de catalizador del disenso social. No todos los que se movilizaron permanecieron bajo el paraguas sindical; únicamente coincidieron momentáneamente. La llamada a la huelga general canalizó descontentos de muy diversa naturaleza. Su objetivo, frenar la política de flexibilización, la defensa de las condiciones salariales, el freno a la precarización, concernía a la condición material del trabajador. Mas allá de las intenciones de sus convocantes la huelga fue un acto único entorno al cual se unificaron distintas posiciones. Esto revela que la relación entre ideología y expresión política no es unívoca. Ese apoyo ni tiene por qué tener el mismo significado, ni ser igualmente compartido. La imagen del obrero consciente, sumándose a la huelga general, se corresponde plenamente con su significado político radical. En unos casos es el vehículo de expresión, radical también, como huelga política contra el Gobierno, de quien no comparte los objetivos de los sindicatos. De otra parte, el sumarse a la huelga, aun compartiendo esos objetivos, no supone compartir el planteamiento sindical de la huelga.

La amplitud de la huelga, el que se sumaran sectores diferentes, hizo posible describirla como movilización interclasista. Si bien esta descripción se corresponde con la apariencia de quienes se sumaron a la huelga, oculta el origen clasista de la huelga. Implicaba el cuestionamiento de la jerarquía piramidal Estado-sociedad civil. Pero es una implicación que sólo se descubre, paradójicamente, en quienes objetaron por la huelga, o en los discursos radicales, escasamente atendidos. Ciudadanos y obreros convergieron momentáneamente, sin que esto significase la pérdida de identidad de los primeros en los segundos.

El rechazo a sumarse a la huelga cubre motivaciones distintas. En este caso, no es sólo el rechazo al sindicato, sino el ver la huelga como algo sin justificación. Un trabajador de hostelería explicaba por qué no hubo huelga en su empresa: «Porque la gente está contenta con la empresa... hoy por hoy es una empresa que paga bien»(24). La huelga no la describe como oposición al Gobierno por su política. La percibió desprovista de cualquier connotación referida a la condición general del trabajador. Su actitud es previa a su ruptura de los lazos de solidaridad. Como él mismo pone de manifiesto en otro momento: «Hay que apoyarnos todos para conseguir una cosa que es para todos, pero cuando uno lo tiene dice: por aquí, tururú»(24). Su posición, alejada de la solidaridad, le lleva a poner en primer plano la referencia a la empresa. Este alejamiento respecto de la solidaridad no es un producto ideológico sino derivado de una experiencia personal como trabajador eventual. En otro momento, al referirse a la posibilidad de negociación en la empresa dice: «Yo voy a pedir tal y yo estoy por contrato, pues cuando se me termina el contrato, con no renovarlo, ¿no?»(24). Por otra parte, el que la huelga no la describa como oposición al Gobierno no significa que no comparta la crítica: «Los trabajadores estamos descontentísimos con el Gobierno ¿no?, por la política económica, por la política laboral»(24).

Con todos estos elementos cabe hacer una reconstrucción de la génesis de su rechazo a la huelga. En primer lugar, aun reconociendo la necesidad de solidaridad, ésta le parece ilusoria. En segundo lugar, la clave del porqué le parece ilusoria es su situación de debilidad que impide cualquier reivindicación. En tercer lugar, ha asumido la negatividad de la política gubernamental para los trabajadores. Pero ésta es una referencia colectiva que no se corresponde a su forzada ruptura del vínculo de solidaridad. Por último, el opuesto ya no es el Gobierno sino la empresa. Pero una empresa frente a la cual no tiene capacidad de presión y sobre la que considera que, dadas las circunstancias, le paga bien. Su distanciamiento respecto de los sindicatos y con ello de la convocatoria de la huelga, es congruente con su posición anterior. Se siente distanciado respecto de ellos porque carecen de «valor real» para los trabajadores. Es decir, no existen mecanismos desde los sindicatos mediante los cuales pueda contrarrestar su debilidad.

En otros casos, el rechazo a la huelga lo era aludiendo a su carácter político: «Eso fue una huelga política»(25), dice un barrenista de un pozo minero. La polisemia del término «político» requiere su clarificación. Su caracterización de la huelga como política lo es, porque no «fue una huelga del comité de empresa»(25). Su razonamiento se inscribe en el contexto de la oposición entre comité de empresa y sindicato. Al primero lo considera representante de sus intereses, mientras que el segundo es una organización «no para apoyar al trabajador, sino para beneficiarse de ellos»(25). El objeto de la huelga era la confrontación entre sindicatos y Gobierno, en la que aquéllos utilizan a los trabajadores. El término «político» adquiere una nueva precisión. Es la instrumentalización del trabajador. Es una organización política y como tal tiene connotaciones negativas. No hay, pues, un rechazo de la huelga en general, o lo que es lo mismo, al conflicto, sino a la huelga política, a aquella huelga no convocada por el comité, sino por el sindicato.

Confrontado con el argumento de que el origen de la huelga es la política gubernamental y las diferencias entre asalariados y empresarios, su respuesta es matizar este argumento. Es en algunas empresas donde esto se cumple, mientras que no se cumple en otras. Su posición personal explica en parte su actitud ante la huelga. Su trabajo como barrenista es a destajo. No hace ninguna referencia al hecho de que impide, con su alargamiento de la jornada de trabajo, acceder a otras personas a un puesto de trabajo. Lo que hace, es una referencia al efecto negativo que para él tiene el destajo «... yo por eso no lo veo bien, los destajos que te expriman tanto, porque gente de... qué sé yo, treinta, cuarenta años... ves los mineros que están hechos polvo»(25). Precisamente para que mejoren sus condiciones dentro del destajo, es para lo que considera necesario al comité. De ahí que el comité sea visto en términos positivos, como quien defiende al trabajador, a él; y a los sindicatos, en términos negativos, en cuanto que se aprovechan del trabajador. Esta argumentación tiene su origen en el individuo aislado, competitivo dentro de los trabajadores. El contenido de esta argumentación coincide con una de las objeciones de la huelga, en el sentido de perseguir no los intereses de los trabajadores sino el desgaste del Gobierno, con vistas a objetivos políticos.

También hay posiciones que reflejan un completo alejamiento respecto de la huelga y todo lo que ésta supone. Ni favorables, ni contrarias, sino completamente indiferentes. Su participación en la huelga vino dada por circunstancias exteriores. La movilización no ha supuesto ningún cambio en su percepción política. Un trabajador, temporero en el sector de hostelería, daba la siguiente versión de la huelga y sus consecuencias: «Los sindicatos están intentando pedir muchas reuniones para hablar con las personas que están arriba, pero los de arriba no los pueden recibir porque tienen muchas cosas que hacer»(26). La desconexión es total respecto de la huelga. Los de arriba, el Gobierno, son los que tienen la llave para la solución de los problemas. Al afirmar que los de arriba no tienen tiempo, está dando por supuesta la marginalidad de cualquier reivindicación que provenga de los sindicatos. Despachar la cuestión con un «no tienen tiempo», es congruente con quien piensa que esas reivindicaciones son completamente secundarias. Esta irrelevancia que viene desde el trabajador, es asumida como un hecho natural derivado de su condición de inferioridad. La reflexión de un trabajador sobre sus relaciones con la empresa ilustra esta actitud: «... lo importante es llevarte bien con la empresa, que la empresa tenga..., que esté contenta contigo, que vea que eres una persona responsable, que... vea, que vas adelante, que cada vez sales más adelante»(27).

El mismo distanciamiento refleja un joven eventual del textil: «Me parece que tiene que ver con algo que pedían al Parlamento»(28), dice como toda respuesta sobre la huelga. En su caso participó en la huelga porque la empresa cerró y recuperó las horas perdidas en los días siguientes. O, en la misma línea, un joven, también eventual, que trabaja en la construcción dirá respecto de la huelga: «Me intereso muy poco por el tema de la política»(29). Aquí, «política» tiene un significado diferente al que tenía para el barrenista. No comporta descalificaciones, sino simplemente refleja que se trata de algo completamente ajeno a él. Al explicitar más este distanciamiento, dice gráficamente: «Porque no tengo tiempo. Ahora estoy aquí y a las once de la noche llego, cojo, me ducho y me acuesto. Ni novia, ni nada»(29).

Todas estas reflexiones tienen en común la distancia. Sumarse o no a la huelga fue completamente episódico. Lo que efectivamente hicieron aquel día tiene poco que ver con lo que podían plantearse respecto de la huelga. Una dependienta eventual de un pequeño comercio relata su experiencia de aquel día: «La hicimos (la huelga) toda la empresa, pero aparte, porque, vamos, consultamos con mi jefe... porque no estaba dispuesto a los piquetes, que nos hicieran algo»(30). Fue la empresa quien decidió cerrar ante las posibles amenazas. Esto último pone de manifiesto que los ataques a la huelga como un hecho violento tuvieron en algunos sitios el efecto paradójico de acentuar su efecto. La decisión quedó en manos de su jefe y explica así su relación con la huelga: «No, no era partidaria de hacerla, por lo menos yo estaba convencida de que iba a trabajar ese día, luego cambiaron las cosas»(30).

Estos rechazos, desde el distanciamiento, de la huelga tienen origen en la propia posición del trabajador. Una trabajadora eventual del textil dice respecto de las formas de protesta en general: «No protestas por miedo o cosa así»(28). Más explícita es la dependienta para quien su puesto de trabajo no le pertenece y esto la hace vulnerable: «Estoy en el aire, no sabes lo que va a ser de ti dentro de unos meses, te pueden decir que bueno, no... no te cogemos»(28). El gerente tiene la última palabra como la tuvo también en la decisión de sumarse o no a la huelga. Explicaciones parecidas se encuentran siempre en trabajadores cuyas condiciones laborales son precarias, tanto desde el punto de vista jurídico como institucional. Una dependienta de unos grandes almacenes, fija de plantilla, explica por qué fue a trabajar ese día: «Por miedo a no ir a trabajar, ¿entiendes?»(31). Lo mismo repite otra dependienta, ésta con contrato temporal: «Yo fui aquel día, entendía todos los puntos y estaba de superacuerdo, sí, pero luego tú pensabas en ti, eras egoísta, querías trabajar tú, ¿y si luego no me llaman?»(32). El acuerdo o el desacuerdo con la huelga está en un plano subordinado. En ambas reflexiones lo que ha primado es la coacción exterior. Son posiciones de gente que o no fue a la huelga o si lo hizo fue porque la gerencia, ante la presión exterior, decidió el cierre. Estas personas pueden ser colocadas dentro del círculo de quienes fueron contabilizados como huelguistas y no deseaban ir. Una adecuada disposición del orden de preguntas podría representarlos estadísticamente como quienes fueron a la huelga coaccionados.

Sin embargo, del contenido de estas argumentaciones lo que se deduce es la importancia de la coacción subyacente en las relaciones laborales. Coacción que aquí se ponía de manifiesto y que constituye un componente central de las relaciones de trabajo. Un trabajador que no fue a la huelga y que sin embargo compartía sus objetivos, revela esta situación: «Te aconsejaban que vayas a trabajar»(33). No fue una prohibición explícita, sino simplemente una sugerencia de la dirección. Esta sugerencia, en un contexto en el que la capacidad de presión sindical es mínima, tiene un efecto claro. Esta sugerencia fue todavía más precisa para quienes tenían contrato temporal: significaba que de ir a la huelga «automáticamente a la oficina de empleo»(33). Y para quien tenía contrato fijo «lo putean, lo mandan de obrero al trabajo, a lo que haya» (33). El recuerdo del «hombre racional» de Bentham cuya decisión está guiada por criterios de placer y displacer, utilidad y desutilidad, resulta inevitable. Esa ordenada concepción nos representa al individuo disponiendo su toma de decisiones. En un lado, aquello que prefiere, en este caso sumarse a la huelga. En otro, el coste que esto puede tener, la represalia. El utilitarismo nos describe en este caso al individuo que racionalmente haciendo uso de su libertad, decide no sumarse a la huelga.

A pesar, sin embargo, del utilitarismo, lo que estas reflexiones ponen de manifiesto es la existencia de individuos con poca capacidad para tomar decisiones autónomas. No siempre, sin embargo, está claramente expresada la contraposición entre lo que el trabajador piensa de la huelga y lo que finalmente hace. En ocasiones, existen problemas de verbalización que traducen una relación ideológica confusa con los acontecimientos. Un trabajador, eventual de la construcción, se refería a la huelga como un acontecimiento violento para el trabajador, pero terminaba justificándola. Así explica su visión de la huelga: «Porque parece que te iban a pegar o algo así. Yo siempre he dicho que para estar trabajando en un día de huelga y que estés mirando hacia atrás... y encima, pues, no sacas nada. Y una huelga de esas hacía falta»(34). En su reflexión hay dos elementos superpuestos. Describe la huelga como violenta, dando a entender que fue el miedo a los piquetes lo que le forzó a la huelga. Pero, sin solución de continuidad, pasa a considerar la huelga en términos positivos. Una parecida ambivalencia se encuentra en una joven que trabaja, como eventual, en la mensajería: «Era miedo y apoyo», dice de la huelga. Explicitándolo más, continúa: «Era miedo por la violencia, pero era apoyo para que este Gobierno haga algo»(41).

El trabajador de la construcción participó en la huelga empujado por la decisión de la asamblea de trabajadores. El relato de cómo se decidió la huelga contiene una descripción de la huelga afín a la de quienes objetaron su convocatoria: «La huelga era la huelga del miedo... y entonces se quedó todos de acuerdo y nos enganchamos»(34). Sus reflexiones contienen elementos distintos que, en ocasiones, parecen negarse unos a otros. Ese discurso en el que se desencadenan cosas diferentes y aún opuestas, cobra, sin embargo, significado cuando se pone en conexión con la posición que él adopta en todo este proceso.

Cuando habla sobre la huelga desembarazándose de los condicionamientos exteriores, su reflexión es la siguiente: «¿Si hubiera tenido voz, por ejemplo, yo? Hombre, pues yo creo que sí, porque con los precios que están subiendo estos años...»(34). El «¿si hubiera tenido voz?» revela el lugar adonde él mismo se relega. Un lugar opaco en el que no tiene presencia, donde su voz está hipotecada. En las relaciones laborales quien le representa o es el empresario o son los piquetes. No puede expresarse autónomamente, sino ser el mudo espectador de la confrontación entre la gerencia y los piquetes, entre empresarios y sindicatos. Ambos configuran el mundo exterior a él, en el que se debaten sus intereses. No significa que no tenga conciencia de estos intereses, sino que su expresión en la movilización está mediada por la capacidad de las partes que lo representan.

La extensión de la huelga acentuó y con toda seguridad condicionó la percepción de lo que esto significa: «Ha demostrado... que no solamente por tener el poder y tener los votos... los votos, pues él ya puede hacer lo que quiera, a mi entender. Entonces el trabajador, que es la fuerza, no se le puede reír así como así»(34). Este individuo «sin voz» ha marcado sin embargo claramente su posición. En primer lugar, ha apuntado el hecho de que la legalidad democrática no implica legitimidad. En segundo lugar, que los intereses de los trabajadores deben ser defendidos frente al formalismo de la legalidad. El recorrido desde el trabajador al obrero está representado por la asunción práctica de ambas conclusiones. Esto implica su previa verbalización, de la que se encuentra muy alejado, pero no situado en distinta dirección.

Dependientes, mensajeros, trabajadores de la construcción, de limpieza, etc., todos tienen en común lo mismo. Sus opiniones sobre la huelga son irrelevantes. Fuera de ellos se decidió lo que iba a suceder. Las situaciones eran intercambiables, pero no así sus opiniones respecto de ella. Con mayor o menor nitidez expresaban su acuerdo con la huelga. Contra más nítido era ese apoyo más clara era la percepción de que era la coacción lo que les impedía la huelga. En todos los casos, como se ha señalado más arriba, podemos referirnos al prototipo del individuo. El individuo racional, cuya figura emerge allí donde más claramente se fija la dualidad entre lo que el trabajador hubiera deseado hacer y que era conveniente que hiciera. Y es que la configuración del ciudadano, esa antípoda del obrero, tiene entre otras cosas un importante componente de coacción, aspecto éste que se desarrollará más adelante.

En algunos casos la crítica a la huelga general estaba originada por la creencia en la inutilidad de las movilizaciones. La crítica se extendía a los sindicatos y señalaba su poca capacidad de presión. Un joven, parado, mostraba su escepticismo: «Iba a perder lo mismo...»(35). Sumarse o no a la huelga, movilizarse o no era al fin y al cabo lo mismo. Su opinión sobre la huelga está fundamentada en el recuerdo de las movilizaciones contra la reconversión. Refiriéndose a ello dice: «Aquí tantas manifestaciones para nada, no valen para nada»(35). La huelga no se cuestiona porque sea política, corporativa o esté basada en la coacción, sino simplemente porque es inútil. Esta percepción emerge desde la ruptura de todo lazo solidario. La competencia, lo que puede resolver por sí mismo, al margen de cualquier movilización, es lo único que tiene sentido: «Todo es igual, o sea, todo depende de uno»(35). Esta desvinculación de lo colectivo no se traduce en posiciones políticas conservadoras. Refiriéndose a su posible voto, explica que una opción comunista le atraería. Pero a la vez explica que no tiene intención de votar. Este mismo escepticismo respecto de las movilizaciones lo traslada al campo general de la política: «Siempre son los mismos los que ganan»(35), es la explicación de su abstención. Quien aquí ha rechazado la huelga es un trabajador en el que convergen varias líneas derivadas de su escepticismo sobre la utilidad de las movilizaciones. Escepticismo que tiene dos momentos: uno referido a lo inútil que resulta movilizarse, como pudo comprobar en el proceso de reconversión; otro más radical conectado con su propia situación de parado, desprovisto de cualquier cobertura que le permita reflejar sus intereses. Esto último lo expresa así: «En las manifestaciones casi siempre son por lo de Astano. Entonces aquí, o se vive lo que Astano o nada, lo demás no interesa»(35). La huelga general participaba, a su modo de ver, de ambos caracteres: no era útil ni para quien la convocaba ni para él.

En quienes se sumaron a la huelga y compartían sus objetivos los argumentos son coincidentes y giran sobre dos cuestiones: el calificar esa huelga como política no constituye algo que la transforme en ilegítima; la otra es señalar el crecimiento de las diferencias sociales en los últimos años.

Un empleado de banca establece la diferencia entre una huelga sindical y una huelga política: «Es una huelga sindical cuando protestas contra la empresa...; cuando protestas contra el Gobierno, yo creo que es una huelga política total»(36). Con esta distinción se ponían en claro dos cosas: por una parte, la diferencia entre los objetivos de la huelga contra el empresario, en un caso, y contra la política del Gobierno, en otro. Por otro lado, que esta última era, por su naturaleza, una huelga política. Es decir, expresado en otros términos, calificar de política la huelga no era más que una tautología.

Al comparar esta afirmación con la objeción de la huelga por su carácter político, se pone de relieve la distancia que se abrió entre una y otra posición. Afirmar que la huelga sólo es legítima si canaliza reivindicaciones exclusivamente laborales, es intentar colocar las decisiones políticas que afectan al plano laboral fuera de toda discusión. Subyace en esta afirmación la pretensión de escindir y diferenciar relaciones estrictamente laborales del origen político que las configura. Cuando, desde la posición contraria, se señala el carácter político de la huelga, no se está más que señalando la obviedad de la centralidad de las decisiones políticas en la configuración de las relaciones laborales. La falta de mediación entre ambas posiciones, basadas en supuestos diferentes, refleja la amplitud de su distancia.

La huelga tenía un destinatario lógico, el Gobierno. Un jornalero, delegado sindical, lo sitúa en estos términos: «Fue un poco más al Gobierno, no tanto a los empresarios, la política económica no era buena para el trabajador; pero, claro, eso es cosa del Gobierno, aunque ahora parece que van juntos los empresarios y el Gobierno»(9). Establece con ello no sólo la distinción de planos en cuanto a la huelga, sino también determinadas relaciones. Diferencia al Gobierno de los empresarios, pero el Gobierno no es percibido como neutral sino como aliado con los empresarios. Esta alianza se expresa en la política económica que favorece a los empresarios. De este modo, el plano laboral, el de la huelga sindical, y el plano político, el de la huelga política, se relacionan. No es una huelga exclusivamente política, dirigida sólo contra el Gobierno. Esto último permitía incluso una pirueta ideológica: al ser el Gobierno socialista, debilitarlo era favorecer los intereses de los trabajadores. Es otra reedición del trabajador como menor de edad que, creyendo defender sus intereses, los perjudica en realidad. Por el contrario, quienes situaron la huelga contra el Gobierno estaba claro que también lo era contra los empresarios. Lo que se cuestionaba, formulado con más o menos precisión, era una política económica que había hecho del empresario el eje de toda actividad. Una política económica que vinculaba los intereses del empresario, el crecimiento del excedente, con los intereses generales.

La protesta lo era contra un Gobierno de izquierdas, al que, sin embargo, se acusa de practicar otra política. Las promesas incumplidas constituyen para otro trabajador el origen de la huelga: «... era una protesta fuerte contra el Gobierno y que de alguna manera que este Gobierno no, no luchaba por lo que decía... que tampoco mira tanto por el trabajador»(37). El calificativo de «socialista» y el que esto implica tener presentes los intereses de los trabajadores y desde ahí la recusación de ese Gobierno, se repite en trabajadores que apoyaron la huelga: «Porque este Gobierno cada vez estaba dando más para atrás en todo, bueno, y sigue dando... de lo que prometió desde las primeras elecciones que se presentó hasta ahora, no cumplió nada»(37). Leída en otra forma esta reflexión habla de la frustración que supuso la actuación del Gobierno. No sólo no defiende a los trabajadores, sino que les perjudica. A su modo de ver, el Gobierno debería haber atacado «a los grandes capitalistas, no al que cobra cuatro pesetas y encima tiene que pagar»(37). Es, en último término, la imputación de haber cambiado de bando.

Desde el Gobierno se argumentaba que la política económica era la que en último término iba a cumplir los intereses de los trabajadores. Desde éstos, lo que se percibe es la negatividad de esta política. En esta confrontación están implicadas perspectivas diferentes. El largo plazo desde el que se justifica la supeditación al presente negativo y la inmediatez desde la que lo negativo está en primer y único plano.

Ambas perspectivas concluyen en resultados diferentes. En un caso, aludiendo incluso a la ética de la responsabilidad, empujando la racionalidad económica más allá de las consecuencias sociales que ésta pudiera implicar. La modernidad económica es el único camino para resolver los problemas de los trabajadores. Pero también es un camino lleno de obstáculos para ellos. Desde ahí, la clave de las protestas es la falta de racionalidad del trabajador. Falta de racionalidad y también de solidaridad, ya que con la defensa de sus condiciones laborales impide la consolidación de las condiciones laborales de otros trabajadores. Esto suponía instalarse, y ésta es la conclusión, en una suerte de despotismo ilustrado.

Desde la otra perspectiva, la conclusión es bien distinta y es la de que nada ha cambiado. Al explicar por qué el Gobierno ha incumplido sus promesas, ese mismo trabajador dice: «Ellos se llevan bien con los burgueses y la gente que tiene pasta, y entonces dicen: bueno, para qué vamos a molestar a esta gente que es la que nos tiene aquí arriba y nos va a mantener»(37). Arriba es el poder, la constelación de los que mandan. Estos constituyen un estrato permanente. La política no es más que un medio para llegar a estar ahí. Los socialistas habrían hecho, a su modo de ver, lo que todos los demás partidos. Llegar arriba por medio de las elecciones y, lógicamente, hacer una política acorde con el poder. Hay un esquema subyacente —arriba y trabajadores— dentro del cual el Gobierno socialista habría aprovechado el apoyo que le dieron los trabajadores.

Esta argumentación sugiere que hay un elemento adicional de radicalización en la naturaleza ideológica del Gobierno. Socialista y obrero son, en la imaginería popular, términos correspondientes. Si los efectos políticos no se perciben como beneficiosos para el trabajador, la protesta se carga con el elemento añadido de la frustración. En las argumentaciones favorables a la huelga se perciben dos líneas: una que señala la diferencia entre los beneficios empresariales y las condiciones salariales de los trabajadores; otra, que pone de manifiesto la oposición entre lo que el Gobierno debería hacer, determinado por sus promesas electorales, y lo que en realidad ha hecho.

Desde el punto de vista gubernamental, el descubrimiento de las leyes del mercado y de la neutralidad de la técnica económica, llevaron consigo el desplazamiento de los objetivos ideológicos del socialismo —la defensa del trabajador— a un segundo plano. Crecer primero y distribuir después, es el mensaje ideológico de la racionalidad económica. El realismo político del socialismo no suponía, por tanto, negar los objetivos de defensa del trabajador, sino únicamente posponerlos. El descubrimiento de las leyes del mercado que casualmente, pero también congruentemente, coincidió con el descubrimiento que el ministro del Interior hizo de la Guardia Civil, fue interpretado como un acto de supeditación de los intereses ideológicos a las determinaciones que imponía la realidad. La distancia entre Gobierno y quienes cuestionaban su política se agranda un paso más en la presentación de este ejercicio de pragmatismo, como la capacidad para asumir los costes de la responsabilidad política.

Quienes argumentan contra la política gubernamental se encuentran alejados tanto de la racionalidad económica como de la responsabilidad que implica la práctica política. Esto va a constituir un elemento decisivo a la hora de hablar de la proyección política de esas protestas. Racionalidad económica y responsabilidad política se constituirán en límites a los que sólo se contrapone la insistencia en lo negativo de la situación inmediata. Así, lo que hay por parte de quienes apoyaron la huelga es una permanente crítica de raíz inmediata. Lejos de la racionalidad y el pragmatismo, se va a la huelga porque el Gobierno «se ha pasado un montón»(38). Otro trabajador completa el significado de esta afirmación: «Los que pagamos somos siempre los mismos, somos los de abajo. Los que tenemos nómina a la hora de pagar a Hacienda..., pero a la hora de recibir algo a cambio nunca recibes nada»(39). El mismo esquema en ambos casos. El Gobierno ha ido demasiado lejos, beneficiando a los de arriba y perjudicando a los de abajo. Hacienda es el punto en el que se hace visible y se concreta ese perjuicio. Al centrarlo en Hacienda está dejando en una zona oscura la conexión entre sus condiciones laborales y la política gubernamental. En el caso del último entrevistado, su posición como trabajador fijo de plantilla de una gran empresa, con respaldo sindical, un nivel salarial alto y que no ha atravesado los avatares de la reconversión. La flexibilización, uno de los aspectos centrales de la política gubernamental, no tiene sobre él un efecto directo y no aparece mencionada en su valoración crítica de la política gubernamental.

En ambas reflexiones se establece una doble relación de oposición: con el Gobierno y con los empresarios. Una, la vehicula a través de Hacienda, lo que supone dejar de lado los aspectos políticos de la relación laboral. Las referencias a Hacienda, como concreción de la crítica al Gobierno, y en último término como justificación del carácter político de la huelga, están presentes en muchas argumentaciones. Es posible distinguir dos modalidades de esta referencia: una, la de quienes cuestionan la excesiva presión fiscal, y otra, la de quienes ponen énfasis en la existencia de fraude fiscal. Los primeros resaltan el pago de impuestos como negativo y los segundos la discriminación que supone el fraude. Ambas referencias contienen posibilidades de desarrollo diferente. Una, puede concluir en el cuestionamiento del Estado benefactor, alineado con las tesis conservadoras, y otra, por el contrario, acentuando la necesidad de incrementar la presencia y el control del Estado. Esto último está en línea con la tradición ideológica del movimiento obrero.

El apoyo del Gobierno al poder se ejemplifica en los beneficios de la Banca: «Lo que no puedes entender nunca es que los bancos en, en... este país, estén ganando los miles de millones que están ganando últimamente»(39). Esta ganancia, «es a base del trabajador, que como no le llegaba esto... tiene que ir a crédito»(39). Se trata de un trabajador fijo de plantilla, con casi veinte años de trabajo ininterrumpido en una gran empresa y con fuerte presencia sindical. Su razonamiento presenta similitudes con el anterior.

En casi todas las argumentaciones la Banca es una omnipresente y magnética representación del poder. Referirse a ella es sinónimo de quienes están arriba. No se enuncia la oposición trabajador/empresario, sino la del trabajador con la Banca. Pero este enunciado no tiene nada que ver con una abstracta oposición entre fuerza de trabajo y dinero, sino más bien tiene una dirección contraria. La oposición que establece es exterior a toda posible relación laboral. Su explicación de la conexión entre trabajador y Banca se establece por el hecho de que, como consumidor, con poco poder adquisitivo, debe recurrir al crédito. Este tiene connotaciones usurarias, y constituye el origen de los grandes beneficios de la Banca.

Este trabajador ha puesto de manifiesto muchos puntos de desacuerdo respecto de la situación laboral, sin embargo sólo se refiere a su inmediato entorno en la empresa. La política del Gobierno se desvanece en la conexión Gobierno/Banca y oposición al Gobierno, en la relación que como usuario establece con la Banca. No hay referencias que revelen una argumentación política opuesta a la racionalidad del Gobierno.

Este tipo de explicaciones se repite una y otra vez. Un trabajador de otra zona geográfica, pero con similares características, dice: «Porque hay que decirle al Gobierno que está haciendo mal, que nos tiene que ayudar, porque ya ves el interés de los bancos, en beneficios... monstruosos»(18). Es la misma simetría: arriba los bancos, abajo los trabajadores. Los desorbitados beneficios constituyen la explicación de por qué fue a la huelga. Las argumentaciones se entrecruzan: Hacienda y los impuestos, los créditos y la Banca. Un trabajador reincidía en la misma explicación: «El 14 de diciembre parecióme todo razonable... francamente el Gobierno todo atrás. Al obrero cada vez nos quita más, en vez de ponernos. Todavía más impuestos y más todo»(21). Literalmente todo parece reducirse a una cuestión de impuestos. El hecho es que éste no es un factor relevante ya que el salario se calcula como el que efectivamente percibe tras las retenciones. Sin embargo, resulta llamativo el que se utilice la cobertura de la presión fiscal. La relación entre el «obrero cada vez más atrás» y el sistema impositivo, parece más bien una verbalización superpuesta, una forma de dar contenido general a su protesta. Aquí, como en los demás casos, no hay ninguna alusión a la racionalidad económica, base de la política gubernamental.

Un joven, sin empleo, explica el porqué de la huelga en otros términos: «Lo que quería hacer el Gobierno... nos quería tener trabajando por cuatro perras y eso no puede ser»(40). Su explicación se centra en el motivo desencadenante de la huelga: el Plan de Empleo Juvenil. Su posición como joven y desempleado, le hizo receptivo de los motivos de la huelga, cuyo factor desencadenante fue hacer frente a la precarización de los jóvenes. Sin embargo no enlaza la precarización de los jóvenes con el proceso general de flexibilización del mercado de trabajo. Una joven que trabaja como mensajera explica los motivos de la huelga en parecidos términos: «Te empezaste a plantear un poco lo que está haciendo el Gobierno..., es que bueno, a mi con veintidós años, y que todavía no haya conseguido un trabajo como Dios manda»(41). Su explicación posterior de los acontecimientos no va más allá tampoco de la repetición de este argumento.

Todos estos individuos tienen en común el que fueron a la huelga y se mostraron de acuerdo con sus objetivos. Ahora bien, estos objetivos aparecen distintamente explicados. Los que tiene empleo fijo y pertenecen a empresas con tradición sindical, no hicieron ninguna referencia a la flexibilidad. El Gobierno, la Banca, Hacienda, etc., aparecen citados sucesivamente. Los jóvenes percibieron el origen de la huelga desde su situación. Esta, que coincidía con el motivo de la convocatoria, resultaba por tanto más coherente. Podría, pues, decirse que fueron a la huelga y coincidieron en justificarla dos colectivos diferentes con argumentos distantes que no establecían relación los unos con los otros.

En torno a la huelga hubo, pues, convergencia, pero ésta no estuvo basada en la homogeneización de las argumentaciones. Desde perspectivas diferentes se concluye en ella. Esta convergencia tuvo el efecto de transferir hacia la colectividad la percepción negativa que cada uno tenía desde su propia posición. Un trabajador describe la huelga en términos enfáticos: «Fue un gran día»(42). Un temporero andaluz señalaba: «He visto subir el ánimo»(43). Tuvo el efecto de hacer aparecer fugazmente una conciencia colectiva. La huelga canalizó muchos descontentos. Un trabajador señalaba este efecto: «... la gente quiere un motivo para explayar sus pensamientos y su forma de protestar de alguna manera»(13). La huelga sirvió también para que mejoraran las posibilidades de hacerse oír. Esto es lo que señala otro trabajador: «Ahora parece que se han unificado (las centrales sindicales) un poquito más, las cosas están mucho mejor que antes»(5).

La imagen del trabajador como fuerza colectiva se desprendía, para algunos trabajadores, como el resultado de la huelga. Permitió verbalizar la contraposición con los otros, perfilar el esquema de «los de abajo» enfrentados a «los de arriba». Un trabajador señalaba este efecto: «Se ha conseguido que el Gobierno se de cuenta de que tiene más gente en contra de lo que pensaba»(44). Sirvió para poner de manifiesto una extendida oposición que hasta ese momento no había tenido expresión directa. Oposición que reforzó la imagen de unidad entre los trabajadores. Un trabajador sacaba esta conclusión de la huelga: «Lo vi correcto, fue algo que yo celebro que se haya realizado porque se ha demostrado que la masa obrera tiene cierta unión»(5). Esta sensación de unidad se extiende incluso a quien, por su condición de desempleado, quedaba fuera del ámbito inmediato de la movilización: «Me sorprendió. No pensaba que iba a ir tanta gente. Pero allí, a la larga, vi que tenía que ser así, apoyando todos»(40).

A pesar, pues, de las divergencias en las argumentaciones sobre la huelga, el resultado fue el reforzamiento de una cierta identidad colectiva. El «nosotros» diferenciado del «ellos». El trabajador emerge no sólo como una categoría del análisis sociológico, sino como realidad social. La heterogeneidad de argumentaciones determina la instantaneidad de esta imagen colectiva. A medida de que ese momento se va alejando, esa referencia va perdiendo intensidad.

Las argumentaciones de apoyo a la huelga que aquí se han mostrado se encuentran muy alejadas del discurso militante. Este, en mayor o menor medida, contiene la réplica a las objeciones contra la huelga. La política gubernamental es, en todos los casos, lo que justifica la huelga. E igualmente justifica su carácter político. Nuevamente la polisemia del término político revela perfiles llamativos de esta movilización. Quienes se sumaron o consideraron favorablemente la huelga no mostraron ninguna reticencia hacia el calificativo de «política». Esto contrasta con las connotaciones negativas que tiene en otros contextos el término «política». La insistencia en descalificar la huelga como «política» partía, paradójicamente, de instancias que no califican lo político como negativo. Tuvo lugar, pues, un cruce de significados. Trabajadores que consideran negativamente lo político frente a Gobierno que considera la política en términos positivos, por una parte; por otra parte, la asunción por parte de unos de la huelga política como un hecho positivo y de los otros que la ven como un hecho negativo.

Más allá de este cruce y de fijar el origen de la huelga, consecuencia de la política gubernamental, las argumentaciones se vuelven confusas en muchos casos. A la vista de esto pueden adoptarse proposiciones interpretativas alternativas. Una, que considera la huelga como producto de la explosión emocional de ciertas partes de la sociedad. Esta habría abierto un paréntesis tras el cual se retorna a la normalidad. Un argumento abonaría esta explicación: el que, a pesar de la generalización de la crítica política, las elecciones generales convocadas meses después no modificaron sustancialmente el mapa político. Alternativamente a ésta, el insertar la interpretación de las argumentaciones favorables a la huelga en el contexto de las tendencias hacia la despolitización y la irracionalización. Estas tendencias son las que sustentan el discurso desestructurado y contrastan con la racionalidad formal y articulación del discurso liberal vigente.

El disenso que prácticamente se expresó en la huelga no tiene formulación coherente. Pero, por el contrario, la racionalidad vigente ha mantenido su coherencia formal, mientras la opuesta ha desembocado en fórmulas vagas, reflejo de una difícil verbalización. La huelga fue masivamente seguida, aun cuando en este seguimiento intervinieron múltiples factores. Todas las argumentaciones, excepción, claro está, de un coherente discurso militante, se construían sobre oposiciones generales. Desde la primera alternativa interpretativa lo que se hace precisamente es tomar esta falta de racionalización como reflejo de la ausencia de razones objetivas para el conflicto. Desde ahí, la explicación del por qué se evacúa hacia el cuarto oscuro de las irracionalidades del hombre. Sin embargo, si se sigue manteniendo la existencia de claves objetivas del conflicto, la no explicitación de sus causas hay que verlas en términos de represión del pensamiento racional.

4
TRABAJADORES Y SINDICATOS

La referencia a sí mismo, la solidaridad y la participación en las movilizaciones han ido dibujando un contorno discursivo en el que se han desplegado diferencias y semejanzas. La referencia a los sindicatos constituye el siguiente momento de esa elaboración discursiva. Las propuestas sindicales no han sido homogéneas. Tanto UGT como CC.OO., han atravesado etapas de enfrentamiento y acercamiento. La discusión del Estatuto de los Trabajadores rompió las débiles bases de la unidad de acción entre ambos sindicatos. A partir de este momento, hasta 1987, el enfrentamiento ha caracterizado sus relaciones. La divisoria entre ambos se situó hasta este momento entorno a la asunción o no de la política gubernamental. Es la ruptura de UGT respecto de esa política gubernamental lo que marca un cambio de rumbo acercándose a una política de unidad de acción con CC.OO., que fue sin duda uno de los factores que hicieron posible la huelga del 14 de diciembre.

Sin embargo, más allá de la historia de estas relaciones, los sindicatos han permanecido como una referencia para todos los trabajadores. Las propuestas sindicales se han orientado siempre en una doble dirección: por una parte, hacia la protección de aquellos colectivos con empleo estable. Sobre ellos ha gravitado la propuesta de concertación, concretada en una política de rentas que, a cambio de la moderación salarial, ofrecía la posibilidad de creación de empleo. Por otra parte, hacia aquellos colectivos sin empleo o bien con empleo precario, en cuyo nombre los sindicatos han negociado medidas de diversa naturaleza.

Frente a la autocaracterización de los sindicatos en términos de defensa positiva de los intereses de los trabajadores, hay dos datos contradictorios: uno, es la baja afiliación y otro es la masiva ratificación de su representatividad en las elecciones sindicales. La afiliación sindical, tras un primer momento de crecimiento, coincidiendo con la legalización de los sindicatos, ha experimentado una lenta y persistente caída, hasta estabilizarse en la actualidad en tasas muy bajas. Esta baja afiliación no se distribuye por igual en todos los sectores del sindicato. Ramas como la construcción, que en la década de los setenta mostraron una importante capacidad de movilización, hoy permanecen prácticamente desarboladas. No es éste el caso de la rama del metal, en la que la afiliación muestra una mayor fuerza. Si hubiera que establecer una generalización sobre el modo como se distribuye la afiliación, habría que recurrir al tamaño de empresa para llegar a la conclusión de que ésta mantiene una relación inversa al volumen de plantillas.

El otro dato es opuesto. La participación en las elecciones sindicales alcanzan en los centros de trabajo porcentajes superiores al 70% como media. Los comités de empresa aparecen como instituciones con un fuerte arraigo, toda vez que no son ajenos a los sindicatos por ser la base de su constitución. La elevada participación electoral se acompaña también con una tendencia hacia la polarización sindical: CC.OO. y UGT aparecen como los dos sindicatos en los que se concreta la preferencia electoral. Sólo hay dos excepciones geográficas: el País Vasco y Galicia, y una por sectores: la Administración pública. En ambos lugares, los sindicatos de corte nacionalista compiten por esa primacía con los dos grandes sindicatos. Igualmente en la Administración pública y en la enseñanza, sindicatos de corte corporativo alcanzan la primacía.

Son, pues, dos hechos que apuntan a significaciones distintas. La relación entre ambos hechos recuerda a la que se da en el campo político entre afiliación a los partidos y participación electoral. Si, en el caso de los sindicatos, la baja afiliación sirve para argumentar su crisis de representatividad, en el caso de los partidos habría que argumentar en términos de una superlativa crisis, ya que su afiliación es incomparablemente menor que la de los sindicatos. Fuera, sin embargo, de aspectos generales, está fuera de lugar cualquier traslación de una situación a otra, ya que, a diferencia del partido, el sindicato ofrece una específica defensa de los intereses inmediatos.

La convergencia entre la baja afiliación y la elevada participación en las elecciones sindicales sugiere que las relaciones entre trabajadores y sindicato componen un amplio abanico. Tomando como punto de referencia el acercamiento al sindicato, se puede trazar un continuo en uno de cuyos extremos se sitúa la aceptación, que se concreta en formas activas de militancia, y en el extremo opuesto, el rechazo radical. Este continuo, en alguna medida, se corresponde con la disposición concéntrica del mercado de trabajo. En otros términos es en el núcleo de trabajadores estables donde tienen su suelo las posiciones más cercanas al sindicato, mientras que es en los círculos más extremos donde se encuentra el rechazo.

Esta superposición tiene una inmediata explicación en el hecho de que es en los sectores centrales en los que los sindicatos se encuentran anclados, siendo por el contrario nula su presencia en los sectores periféricos. Esta aproximación, excesivamente simple, ya que se limita a registrar una constatación, servirá simplemente para ordenar las distintas posiciones. Bajo la superficie de esta constatación, subyacen cuestiones de índole diversa. En primer lugar, que nuevamente surge la heterogeneidad discursiva en la que lo relevante es que haya en todas ellas una convergencia y una divergencia. La convergencia, es que ninguna posición refleja satisfacción con la situación actual del individuo. La crítica y la visión negativa respecto de sus condiciones de trabajo y de vida, es común. Existen, pues, desde este punto de vista, razones para que se produjera un acercamiento a los sindicatos. La divergencia estriba en que, en unos casos, ésta tiene lugar, mientras que en otros, lo que tiene lugar es un rechazo radical. En segundo lugar, que existe una cierta correspondencia entre marginalidad en el mercado de trabajo y radicalidad en el rechazo. Lo relevante, sin embargo, es la base de este rechazo, ya que no es un rechazo visible desde la topología ideológica derecha e izquierda, sino desde la plena asunción de los valores del individualismo, cuya presencia ya se ha constatado en las partes anteriores. Por último, que entre uno y otro extremo, la aceptación y el rechazo, hay una posición que se define por dos referencias contrapuestas. Una, el reconocimiento de la funcionalidad que el sindicato tiene para el trabajador; y otra, la negativa a aproximarse al sindicato, al que se ve como una fuente de problemas. En la explicitación de esta posición nos encontramos con el individuo que, en aplicación de su racionalidad utilitarista, conjuga la percepción negativa de su situación con la conformidad respecto de ella.

La aceptación del sindicato tiene su forma extrema en la afiliación y dentro de ella en la actitud militante. Delegados sindicales y trabajadores con más acusada conciencia política protagonizan la relación más activa con los sindicatos. Un jornalero, delegado sindical, explica las razones de su afiliación: «Ahí —dice refiriéndose al trabajo en el campo— entrabas a los catorce años. Trabajabas un montón, querían trabajar sábados y domingos, eso ni se pagaba, y, al ver estas cosas ¡esto no es! Y ya empecé a tirarme por ahí y bueno...» (9). Existe un nexo claro y explícito entre las condiciones laborales y la afiliación.

Hay también modalidades de vinculación en las que las razones instrumentales no son decisivas. Se supone que el sindicato contribuye a mejorar las relaciones laborales. Pero la funcionalidad del sindicato no se sitúa en este plano, sino en el plano ideológico acotado por la condición de trabajador. Un delegado sindical explicita esa modalidad de relaciones al recapitular las causas que le condujeron a afiliarse: «Porque estaba convencido de que el trabajador tiene que estar protegido». Esta necesidad de protección no deriva de la experiencia, sino de una previa reflexión sobre la estructura social y sus relaciones políticas. En su proceso de afiliación, señala en otro punto, la pertenencia de su padre al partido comunista jugó un papel decisivo.

Una empleada de la Administración pública proporciona una versión en la que destacan los elementos políticos. Las razones por las cuales, a su modo de ver, los trabajadores no se afilian tienen que ver con la falta de «sentimiento de clase». La clase es el horizonte sobre el que se diferencia a los sindicatos. Unos son corporativos, reivindican cuestiones referidas a su grupo de trabajo; otros, los sindicatos de clase, reivindican cuestiones relativas a su clase.

Esta distinción es rotunda en el universo cerrado de la ideología, en el cual la clase es un mitologema que cualifica. Lo relevante no es la distinción entre clase y corporación, que apenas si es esbozada, sino la adjetivación del sindicato en uno u otro sentido. Ser de clase certifica la idoneidad del sindicato, sin embargo, esa idoneidad se ha adscrito en un proceso previo. Es un círculo cerrado en el que las cualificaciones no son descritas, sino que únicamente sirven para discriminar ideológicamente. La razón de su acercamiento a los sindicatos, y concretamente a CC.OO., es de naturaleza claramente ideológica: «Porque yo me considero una persona de izquierdas y, entonces, pensaba que el sindicato que mejor podía representar los intereses ideológicos que tengo, pues era CC.OO., mucho más que UGT». El sindicato es la organización de la clase obrera, con la que ella, desde su ideología izquierdista, se siente vinculada. La clase obrera es la referencia repleta de significación política que va más allá de su eventual materialidad. Reflexionando sobre la baja tasa de afiliación de los «obreros» al sindicato de clase apunta la siguiente explicación:

«Yo veo que ahora hay mucha clase obrera que se siente burguesa»(46). En esta argumentación destacan con nitidez los elementos del discurso militante. Estos se encadenan en una secuencia de varios momentos: ser de izquierdas y estar allí donde está la clase obrera; la clase obrera como portadora de los valores políticos de la izquierda.

Esa vinculación militante con el sindicato está al abrigo de cualquier contingencia que no sea ideológica. La transformación ideológica del sindicato sería la única razón por la cual lo abandonaría. La claridad con la que puede enunciarse la distinción derecha e izquierda sólo existe en la superficie de las palabras. La conceptualización de una y otra cosa se desvanece en un confuso y problemático universo en cuyo contexto no hay solución posible. En último extremo, ser de derechas o ser de izquierdas es una adjetivación que, al igual que sucede con el término «clase social», es administrable desde previas posiciones ideológicas.

Una delegada explica así las razones de su afiliación: «Con la intención de conseguir cosas, mejoras en nuestra empresa, ¿no?»(38). La negociación con el empresario, la búsqueda de apoyos en la negociación, la mejor negociación, son determinantes para el mantenimiento o no de esa relación. Y, consecuentemente, los problemas conectados con la negociación —convenios, transparencia en la toma de decisiones, etc.— son los que pasan a un primer plano.

En otros casos hay una percepción claramente instrumental, en cuyo contexto el sindicato es percibido como una corporación de abogados que ayudan al trabajador a resolver sus problemas legales. O, en otros casos, como una suerte de mediador que salva al trabajador de un desfavorable «cara a cara» con el patrono. Una trabajadora temporal reflejaba este acercamiento instrumental: «Los derechos que pueda tener son diferentes ya con abogados, sindicatos; parece que es como más legal, ¿no?»(47). La asociación entre sindicatos y su papel mediador respaldando al trabajador, remite al negativo en el que se imprime una percepción de las relaciones laborales: su relación personalizada con el empresario inhibe su capacidad de negociación y la sumerge en el mundo de la voluntad empresarial.

A la afiliación ideológica e instrumental cabe, por último, agregar una forma ritual de afiliación. En ella las razones tanto de la afiliación como de que ésta se mantenga son marginales respecto de la naturaleza de los sindicatos. Las razones inmediatas de la afiliación son, en este caso, de naturaleza muy diversa.

En ocasiones, son las relaciones personales que incluso llegan a superponerse a eventuales preferencias ideológicas. Un trabajador del metal explica en estos términos su afiliación: «Entré en USO porque tenía amigos... porque... mi pensamiento era para UGT»(18). No es una afiliación ocasional ya que hace diez años que se afilió. E, igualmente, al margen de desacuerdos ocasionales, tampoco da muestras de querer abandonar este sindicato. En último extremo, las diferencias entre los sindicatos, a su modo de ver, no tienen relevancia. «Viéndose una cosa con la otra, entonces defienden lo mismo»(18). La defensa de las condiciones de trabajo, el elemento central, desplaza al elemento secundario, la modalidad de esta defensa. Esta misma argumentación se encuentra en un trabajador, afiliado a CC.OO. desde el año 1978. Las razones de su afiliación radican en que «fueron los primeros que vinieron, pues, a buscar gente... todos te hablaban... bueno, pues apúntame a mí también, o sea, una cosa por estar afiliado a algo, ya te digo»(48).

Razones similares constituyen la base de una bolsa estable de afiliación cuya formación se remonta a los primeros años de vida legal de los sindicatos. Un factor, como el descuento de la cuota sindical en la nómina, facilita la permanencia de este tipo de afiliación. La participación en las elecciones sindicales y el apoyo al comité en todas sus decisiones constituyen las características de esta forma de afiliación.

La relación instrumental se revela como la más inestable. El trabajador que se acerca al sindicato para que defienda sus intereses rompe con él al percibir, por la razón que sea, que esto no es así. Esta última actitud puede ejemplificarse en el conductor de una empresa pública quien, afiliado a UGT, rompió con el sindicato por la forma en la que se desarrollaron las negociaciones por el convenio. De este modo explicaba lo sucedido: «No sabes cuál de los dos es el que te dice la verdad... y así te forman la confusión»(8). El enfrentamiento entre centrales sindicales es la punta visible en la que centra su desacuerdo con los sindicatos. Sin embargo, más que el hecho de que cada una de las centrales presente propuestas distintas, lo que determina su crítica es la irrelevancia de esta diferencia en términos de sus intereses. La irrelevancia de la división la pone de manifiesto al explicar su origen: «Veo mucha política en los sindicatos»(8). Cuando se introduce la referencia de la política en los sindicatos, esto suele ir acompañado de la descalificación del sindicato. Esta descalificación es producto de una sucesión de argumentos que, sintéticamente, se encadenan así:

primero, los sindicatos deben perseguir lo mejor para el trabajador; segundo, lo mejor para el trabajador es único y definible objetivamente; tercero, las divisiones entre los sindicatos obedecen, en consecuencia, a la interferencia de otros elementos diferentes a los de los intereses de los trabajadores; cuarto, la política, como algo exterior y sumamente negativo, es la clave de las diferencias sindicales; quinto, lo que esto significa, entonces, es que los sindicatos ponen en primer plano las determinaciones políticas a la defensa de los intereses de los trabajadores.

Cuando esta argumentación toma cuerpo, se consuma su separación del sindicato. Este conductor, que se ha desafiliado de UGT, dice ahora: «Yo, si se formara aquí un sindicato para nosotros solos, pero fuera de la política y fuera de todo, para los trabajadores, eso lo vería yo lo ideal»(8). Lo negativo de la adjetivación de algo como «político» radica en que supone un distanciamiento entre los sindicatos y los trabajadores. Aquéllos, si bien representan a los trabajadores frente a la gerencia, han mediado esta representación por el tamiz de sus intereses propios. Y es la presencia de estos intereses propios lo que explica a su parecer la división de naturaleza política entre los sindicatos. La causa próxima de esta reflexión está en el convenio de su empresa y en los problemas que provoca la diferencia entre conductores y otros sectores. Ahora bien, hasta este momento, este trabajador se mantenía en un sindicato que abordaba unificadamente los problemas de la plantilla. Es irrelevante discutir aquí acerca de si fue su posición de conductor con conciencia de intereses diferenciados lo que le llevó a apartarse de los sindicatos o si fue la actitud de los sindicatos lo que le llevó a distanciarse de ellos, asumiendo como consecuencia de ello una perspectiva diferenciada. Lo relevante en este punto es únicamente mostrar que la quiebra de esa relación instrumental conduce al trabajador fuera de los sindicatos tradicionales. Sólo volvería a afiliarse a un sindicato diferente, un sindicato sólo para los trabajadores, «... y fuera de tanto rollo con CC.OO. y UGT» (8). Con esta actitud saca cumplidas consecuencias del rechazo de la política, entendiéndola como la primacía de los intereses de las organizaciones frente a los intereses de los trabajadores.

La afiliación instrumental es la que se revela como más inestable, a diferencia de la afiliación ideológica y ritual. En el primer caso, sólo el cambio en la orientación ideológica del sindicato, simbolizado en la metáfora del «cambio de orientación de clase», provoca la desafiliación. Las cuestiones de funcionamiento cotidiano, negociación, asistencia, etc., que tan importantes son en la afiliación instrumental, pasan aquí a un plano muy secundario. El sindicato es la organización de la clase obrera. Se pertenece a él o no en función de la conciencia de clase. La clase obrera es una unidad cerrada, cargada de significación política. Es la «clase explotada» que contiene, en el final de su explotación, la promesa de un orden nuevo. Esto fundamenta una relación estable con el sindicato, que se mantiene más allá de posibles fricciones. Esta relación estable no supone una relación acrítica con la organización. Las intervenciones burocráticas, la instrumentalización, las disfunciones, la falta de democracia, etc., son críticas que están presentes en este acercamiento ideológico al sindicato. Incluso, normalmente, las críticas están formuladas en términos muy radicales, como resultado de su implicación en las disputas internas. Sin embargo, la percepción de los aspectos negativos no es razón para la desafiliación, al contrario de lo que sucede en otros casos. Lo decisivo para la permanencia en el sindicato es que continúe representando «los intereses de la clase», que siga manteniendo su naturaleza y contenido ideológico. En el segundo caso, la afiliación ritual tiene unas claves que están más allá del trabajador. Cambios en la orientación ideológica del sindicato, así como en sus aspectos instrumentales, no dan lugar a un cambio en la afiliación. Sólo los mismos factores —amigos, decisiones de la plantilla, cambios en el mecanismo de recogida de las cotizaciones, etc.— pueden dar lugar al distanciamiento respecto de los sindicatos.

El rechazo radical constituye el otro extremo de las relaciones trabajador/sindicato. Entre jóvenes y eventuales, categorías que coinciden en muchas ocasiones, es donde este rechazo se manifiesta con más intensidad. No se trata de una visión negativa circunscrita exclusivamente al sindicato, sino una constelación que abarca la política, los partidos y, en general, las instituciones del mundo adulto e integrado, del cual, en las percepciones más radicales, se sienten excluidos.

Un joven eventual, del sector de comercio, emite un duro juicio sobre los partidos políticos y los sindicatos: «Yo los veo como unos sinvergüenzas a todos». Este juicio lo justifica «porque van a lo suyo. Igual que todo el mundo, hacen ellos. Se preocupan un poquito de lo que pasa, pero al fin y al cabo van todos a lo mismo, a ganar dinero más que ninguno de todos los que estamos aquí»(49). La descalificación apunta hacia el hecho de que no se preocupan más que de lo suyo. Pero es una descalificación que no se proyecta desde una reivindicación de la solidaridad. El «ir a lo suyo» es, por el contrario, para él una forma universal de comportamiento. «Si yo estuviese en su lugar —dice— haría lo mismo también, o sea, me llenaría también el bolsillo»(49). La radicalidad del rechazo estriba precisamente en que comparte los argumentos sobre los que descalifica a los sindicatos. Si el rechazo se hubiera proyectado desde la ideología contrapuesta de la solidaridad, como un positivo frente a un negativo, hubiera sido un rechazo parcial hacia los sindicatos existentes. Proyectado, sin embargo, desde la asunción de la insolidaridad, el rechazo lo es hacia cualquier posible sindicato u organización en cuyos fines esté inscrita la defensa solidaria de colectivos sociales. Es la descalificación radical hacia todo tipo de organización cuyo discurso emblemático pretenda negar la búsqueda del propio beneficio.

La interiorización de la sociedad de individuos que luchan unos contra otros es compatible con la percepción de su situación en términos de conflicto. El se considera explotado y reconoce que con su situación y la de los que están como él, «el único que gana es el empresario». Empresarios, políticos, partidos, sindicatos, etc., y, por último, él mismo, comparten la misma finalidad: «llenarse el bolsillo». La búsqueda de los propios fines, la lucha de todos contra todos, le ha colocado en el peor bando, el de los jóvenes a los que «nos ha tocado vivir una época en la que lo llevamos muy mal»(49). La percepción de estar en el lado malo lo es en el contexto de una suerte de síndrome de naufragio, desde lo que se trata no es de cambiar el orden establecido sino, implícitamente adaptado a él, buscar una tabla de salvación.

Situados en el mundo insolidario, los sindicatos pueden percibirse bajo el prisma de organizaciones que ayudan a determinados colectivos. Los sindicatos defienden a quienes tienen empleo. Quienes no lo tienen quedan excluidos de su ámbito. Un joven desempleado manifestaba no estar «ni a favor, ni en contra de los sindicatos», pero a la hora de relacionarse con ellos, desde su condición de parado, su visión es negativa. En tono de reproche dice de los sindicatos: «Tú no tienes que ir allí a molestarles para nada»(50). Los sindicatos son para quienes tienen trabajo, para quienes pertenecen al mundo de las relaciones laborales. Quienes, como él, están fuera de este ámbito, no tienen cabida en él. Su relación con los sindicatos oscila entre la indiferencia y el rechazo. La indiferencia, porque «como trabajador en paro, no me benefician, tampoco me perjudican»(50). Los rechaza en cuanto que los percibe como organizaciones que podrían ayudarle pero no lo hacen.

La percepción de un mundo laboral dividido entre trabajadores fijos y temporales, asociada a la percepción de que los sindicatos sólo protegen los intereses de los primeros, está en la base del rechazo al sindicato que se proyecta en forma de oposición hacia los trabajadores fijos. Una trabajadora, eventual en unos grandes almacenes, exponía así su visión: «Van logrando mejoras —dice refiriéndose a los sindicatos— pero no hay puestos de trabajo. Ese es el problema. Las mejoras son para el trabajador que está trabajando. Eso es lo que se ve. Para el trabajador que está trabajando, más horas libres y más tonterías, más no sé qué, más sueldo, pero, ¿y la gente que no trabaja?, ¿qué le das a esa gente?, ¿sabes la huelga que ha habido esta semana en Barcelona?, huelga de metro, huelga de autobuses, huelga de telefónica, huelga de no sé qué, bueno, y... y..., o sea, para ellos. ¿Y la gente que no trabaja?»(32). La secuencia y su encadenamiento es crítica: hay mejoras, pero son para el trabajador que ya tiene trabajo. Los sindicatos, para conseguir estas mejoras, hacen huelgas. Por último, ellos, los temporales, no ven mejorada su situación.

Esto le hace ver las reivindicaciones laborales, que considera exclusivas de los trabajadores fijos, bajo tintes particulares: «Se han logrado mejoras, pero yo creo que llega un momento que ya reivindican hasta el no trabajar»(32). En otros términos, ya no son mejoras laborales, sino abusos. Con este salto, las conexiones entre las relaciones de los fijos, los sindicatos, y ellos, los temporales, obviamente se han roto.

Pero es que, además, las huelgas que los sindicatos promueven para conseguir estas mejoras perjudican a ella y al grupo al que cree pertenecer: «Ellos reivindican..., pero, bueno, a mí el problema nadie me lo quita. Aún me fastidian porque yo no tengo transporte, por ejemplo..., tengo que ir al trabajo andando... me parece muy bien que ellos hagan sus cosas, pero a mí no me solucionan nada, al contrario, me fastidian, me tengo que levantar tres horas antes... si yo estuviera dentro, reivindicaría, pero en esta situación a mí no me solucionan nada»(32). Ésta ya no es la argumentación de un trabajador unificado en torno a los mismos problemas. Es la reproducción por una persona ajena del discurso oficial de la huelga. Primero, como una perturbación, luego como producto del egoísmo y la insolidaridad corporativa. Se encuentra incluso cercana a la tesis del ciudadano como rehén de los huelguistas.

Su valoración de la huelga es de naturaleza conservadora. Hay una marcada oposición entre la descripción ideológica de la huelga en el campo obrero-sindical y su visión. Lo que en un caso es defensa de los intereses de todos los trabajadores, ella, trabajadora también, lo percibe como defensa de intereses particulares y por tanto ajenos a los suyos. Lejos de compartir los mismos intereses que los patronos, coincide sin embargo con ellos a la hora de descalificar a los sindicatos y sus reivindicaciones. Lo que todo ello refleja es, en definitiva, el clima entre ella, como trabajadora temporal, y los trabajadores fijos, representados por el sindicato.

La percepción de la conexión entre sindicatos y trabajadores con empleo estable es simétrica a la percepción de ella misma como integrante de un grupo diferenciado. Las coordenadas ideológicas que subyacen a esta posición se han construido sobre dos percepciones: una, que los sindicatos defienden sólo a unos trabajadores y dos, que los sindicatos buscan sus propios objetivos. Ambas percepciones desembocan en la misma conclusión: ella no se encuentra protegida por nadie. Conclusión que se racionaliza en términos radicalmente individualistas: nadie soluciona sus problemas ya que los problemas son individuales.

En otros jóvenes, también desempleados, el rechazo toma forma más acabada en la acusación de que el sindicato trata de instrumentalizarlos. Es una acusación que surge de aquellos ámbitos donde el joven desempleado ha construido organizaciones específicas. Este es el caso concreto de las Asambleas de Parados. Estas son un polo de referencia que permite tanto marcar las distancias con los sindicatos como afrontar colectivamente su problema. Se distancian e incluso se posicionan contra el sindicato.

Puede, en un primer momento, pensarse en estas formas de agrupación, la Asamblea de Parados, como formas alternativas del sindicato. Exteriormente es así. Sin embargo, cuando se analiza su funcionamiento ésta se ve recorrida por un principio ideológico muy diferente al del sindicato. Mientras éste, está organizado formalmente desde el rechazo a la ideología de los valores individuales, éstos están fuertemente enraizados en el funcionamiento de la Asamblea de Parados.

Un miembro de la Asamblea de Parados la describe como una organización que para conseguir sus objetivos sólo confía en sus propias fuerzas, «a base de ayuda y lucha era la única manera en que se puede conseguir trabajo. Porque he visto y comprobado que si lo vas pidiendo por ahí, pues no te lo dan»(50). Comparte el mismo síndrome de naufragio que el anterior. La sociedad es una agrupación de individuos insolidarios. Sólo mediante la lucha puede conseguirse algo. Podría aquí, parafraseándose la conocida aseveración de A. Smith sobre la benevolencia y los intereses, que no es de la benevolencia de los demás, sino de la búsqueda mediante la lucha por los propios intereses, que éstos serán satisfechos.

El horizonte que se abre a este joven está representado por la biografía de su padre: «Mi padre, trabajador fijo, y viendo que en mi casa no hay una peseta... mi padre se ha dejado en la fábrica 27 años de su vida»(40). No se cuestiona la posibilidad de un horizonte distinto en términos colectivos, sino buscar para sí un destino individual mejor que el de su padre. Su acercamiento a la Asamblea lo es en cuanto que ésta es un instrumento a través del cual puede conseguir sus propósitos.

La Asamblea, a la que pertenece, funciona sobre dos ejes aparentemente opuestos: la movilización y la insolidaridad interna. Y en esto último radica, precisamente, su capacidad de movilización. Una joven, miembro también de la Asamblea, describe la conjunción de estos elementos. Tras rechazar el recurso al sindicato con argumentaciones similares a las analizadas anteriormente, ve en la Asamblea la vía para la solución de sus problemas. La describe como una organización «donde no te piden nada, y, encima, te dan un puesto de trabajo. No a un sindicato que estás ahí sentada, como todos los días, lees el periódico y no encuentras nunca nada. Y en este sitio, por medio de movidas, porque siempre estás rascando, a ver si alguno falla y te llevas tú la cruz»(51). Aquí dice varias cosas: una, reafirma el activismo; dos, gracias al activismo se encuentra trabajo; tres, quien más lucha más posibilidades tiene de encontrar trabajo; cuatro, existe la posibilidad de que «alguien falle» y te puedas «llevar la cruz».

Los dos últimos puntos son reveladores y requieren una mínima explicación. Esta Asamblea de Parados suele funcionar según el principio de que quien más lucha tiene más posibilidades de encontrar trabajo. Es un principio diferente al que han mantenido algunas otras Asambleas de Parados, que establecían una lista de prioridades según las necesidades de los miembros de la Asamblea. Este principio se plasma en el sistema de cruces. Cada vez que se asiste a una convocatoria, se pasa lista y se pone una cruz a los asistentes. Cuando se participa en movilizaciones el número de cruces aumenta en función de la dificultad de la acción. De este modo, cuando se consigue un puesto de trabajo éste es ocupado por quien tiene más cruces. Este sistema tiene la innegable virtud de mantener unida y activa a la Asamblea. Por el contrario, la organización basada en la prioridad de necesidades tenía un doble efecto desmovilizador. Por una parte, aquellos que podían justificar más necesidades (número de hijos, edad, etc.) ocupaban automáticamente el primer puesto. El vínculo con la Asamblea era entonces administrativo —estar apuntado— y moral. Lo que implicaba esto último es que, participase o no en la actividad de la Asamblea, su lugar en la lista no iba a variar. El segundo efecto fue el de dejar la Asamblea en manos de activistas, con lo cual se fueron configurando como vanguardias cada vez más cerradas. El resultado ha sido su progresiva desaparición. Por el contrario, el sistema de cruces involucra a todos los miembros de la Asamblea, impidiendo que se abra un foso entre Asamblea y activistas. Esto, si bien preserva la cohesión, tiene también efectos perversos.

Este efecto lo pone de manifiesto el entrevistado: «¿A dónde te crees que va la gente? A donde se lleven cuatro cruces. Es de lógica. Siempre vamos juntos por eso, porque hay discusiones donde abundan las cruces, o sea, que nos comemos por las cruces»(24). Esto descubre una organización cohesionada por la movilización y a la vez por una fuerte competencia interna; «Hasta que llegue al número uno, pues imagínate a todos a los que tengo que pasar»(51). Es una lucha por el puesto de trabajo que lleva a los parados a organizarse y a sujetarse a su disciplina para conseguir lo que es su meta individual: un trabajo.

Esta asociación entre movilización colectiva y metas individuales, entre solidaridad e insolidaridad, se estructura como una forma de lucha frente al exterior. La imagen cinematográfica del mundo de Mad Max es la impresión agudizada del mundo combativo de los parados. La metáfora de los poseedores de petróleo o agua, cercados por una banda que sigue disciplinadamente a su líder, pero a la vez salvajemente insolidaria, toma aquí una forma menos dramática pero más real. Pero el recurso a la anécdota cinematográfica permite destacar la relevancia de un rasgo común: el trabajo, un bien escaso privadamente apropiado, sólo es accesible para estos jóvenes a través de la lucha.

Rodeados de una imagen de marginalidad, las Asambleas de Parados ponen de relieve aspectos subyacentes en las relaciones laborales. Para quienes no tienen trabajo la Asamblea es la vía para conseguirlo. Su reivindicación tiene dos componentes: uno de inmediatez, en el que descartan el aplazamiento, la subordinación a otras consideraciones; otro de realismo, el control de las horas extraordinarias y la contratación de parados de las zonas en las que está radicado el puesto de trabajo. La resistencia a esas reivindicaciones y, por tanto, la marginalidad con la que son tratados, revela dos rasgos de las actuales relaciones laborales: el primero, proviene del rechazo de los propios trabajadores instalados, especialmente quienes se niegan a suprimir las horas extraordinarias; el segundo, es que la inmediatez con la que la Asamblea plantea sus reivindicaciones, en un contexto de presión exterior, implica el cuestionamiento de la facultad empresarial de controlar la contratación. Al plantear la presión como vía de acceso al puesto de trabajo se está cuestionando la propiedad privada del puesto de trabajo.

Esto da lugar a que, en ocasiones, exista una suerte de convergencia de intereses entre trabajadores y empresarios. En la medida en que esta convergencia se refuerce y se radicalice la presión de la Asamblea, lo que se estará originando es una tendencia hacia la argumentación que hace de los desempleados un grupo con intereses antagónicos a trabajadores ocupados y a empresarios. Antagonismo que no vendrá formulado desde una eventual alternativa ideológica, ya que el radicalismo de la Asamblea es compatible con la asunción de los valores liberales. Se producirá de este modo un conjunto de cruces. Trabajadores y empresarios, obreros y patronos, con referencias ideológicas diferentes, pero con intereses inmediatos convergentes. Por otra parte, desempleados y empresarios que comparten la misma visión ideológica, aunque enfrentados. Así, podría llegar a hablarse, recurriendo a la topología izquierda/derecha, de progresismo ideológico de los obreros frente a conservadurismo ideológico de los desempleados. A la vez el progresismo obrero no sería más que la carcasa que legitima el mantenimiento de sus intereses convergentes, en la práctica, con el empresario.

Hay un tercer grupo de actitudes que se caracterizan por valorar positivamente a los sindicatos, a la vez que se considera que su acercamiento a ellos es perjudicial para los propios intereses. Este círculo entre la consideración positiva de los sindicatos y la negativa a afiliarse es más bien el reflejo de una situación de desprotección por parte del trabajador. Una dependiente, eventual de un pequeño comercio, ejemplifica con claridad esta relación. Al referirse a los sindicatos dice: «Pienso si nos apoyan, ¿no?, lo único que... nos podrían apoyar un poco más»(30). Deja en manos de los sindicatos la formulación y defensa de sus reivindicaciones: «Saben lo que queremos», dice. Los sindicatos son concebidos como una suerte de portavoces de sus problemas, frente al Gobierno. «Intentan favorecernos», y si no lo consiguen «es porque tienen obstáculos», concluye, exculpándolos. Habla del Gobierno y de los sindicatos colocándolos en planos diferentes en relación a ella. Por una parte, los sindicatos, que formulan y canalizan lo que deben ser sus reivindicaciones, y por otra el Gobierno, que tiene la clave en la resolución de sus problemas. Esta descripción positiva de los sindicatos se transforma cuando se plantea su eventual afiliación: «Yo no me acercaría a ninguno»(30), responde cuando se le sugiere esta posibilidad.

La razón del corte entre uno y otro plano aparece en otro momento de su relato cuando, refiriéndose a su condición laboral, se describe como «estás en el aire». Es de la gerencia de quien espera la renovación de su contrato. Ella es la que, en definitiva, dará o no continuidad a su trayectoria laboral. Son, pues, dos referencias diferentes las que tiene enfrente de sí: una, los sindicatos, a los que reconoce la defensa de sus intereses; otra, la gerencia que es de quien depende efectivamente.

Esta doble referencia se torna en tensión en la medida en que percibe el conflicto entre la gerencia y los sindicatos. Conflicto que no es más que la forma objetivada de su propio conflicto con la gerencia, pero que no puede protagonizar por sus condiciones de inferioridad. Al referirse a las razones por las que no se afilia lo hace en relación a ese conflicto. No se afilia, dice, porque su jefe «no lo vería bien, eso seguro»(30). Lo más relevante de esta respuesta es que reconoce no haber recibido nunca ninguna indicación de su jefe en este sentido. Luego si no ha existido presión exterior, su decisión es voluntaria y ésta es la conclusión lógica a la que llega: «Yo pienso que para eso (para afiliarse) sería libre yo, ¿no?, de hacer lo que quisiera»(30). Desde el punto de vista del positivismo, la exclusión es un hecho voluntario que pierde sus raíces en la psicología del individuo. Y, así, mientras cabe actuar frente a un hecho externo, la prohibición explícita de la afiliación, no cabe lo mismo frente a lo que aparece como una manifestación de las preferencias del individuo. La exclusión sólo se hace visible cuando se centra la atención en la génesis de la toma de decisión acerca del porqué el individuo decide voluntariamente no afiliarse.

La incompatibilidad que percibe entre el sindicato y la empresa no la puede asumir directamente por su situación de debilidad. Esto se traduce en su desdoblada actitud frente a los sindicatos. Su valoración es positiva (defienden sus intereses) pero a la vez acercarse a ellos le perjudica. El sindicato es un poder exterior que se desvanece ante el poder interior que representa la gerencia. Una trabajadora de un gran comercio muestra su rechazo a cualquier intervención del sindicato en la solución de sus problemas con la gerencia: «Yo me busco lo mío, lo que puedo»(31), dice. Pero a la vez este rechazo no es incompatible con el reconocimiento de su papel positivo. Refiriéndose a ello, afirma: «Claro que te pueden ayudar... hemos avanzado mucho por presiones y tal se han logrado mejoras»(31). En otros términos, apoya al sindicato fuera de la empresa como una instancia que le defiende y, al mismo tiempo, lo rechaza como vehículo de su relación más inmediata con la empresa. La clara percepción de esta dualidad y sus consecuencias es el efectivo mecanismo que la mantendrá voluntariamente alejada de la afiliación. La exclusión, pues, se inscribe en un ámbito de precisas relaciones de fuerza a la vez que se traduce en la voluntaria renuncia a la afiliación.

La representación de las relaciones de poder en términos piramidales, primero, y en términos formalizados, después, oculta la naturaleza del dominio. El análisis de aquello que sucede en algunos ámbitos empresariales obliga a variar esa perspectiva de análisis del dominio. El dominio como una relación vertical sólo se concibe, en las sociedades democráticas, como dominio legítimo. Esta relación sólo existe entre la sociedad civil y el Estado. En este esquema de relaciones el dominio queda excluido de la sociedad civil que se configura como sociedad de individuos iguales. Esta exclusión lo es, sin embargo, sólo del campo de lo inmediatamente visible.

El campo de las relaciones laborales es descrito por la teoría económica liberal como punto de ajuste entre capital y trabajo. La descripción de estas relaciones en términos de óptimo enuncia cuáles son las condiciones para el funcionamiento más eficiente de la economía. Lo que la teoría enuncia y lo que sucede en las relaciones laborales son momentos distintos. Desde la teoría puede diagnosticarse la crisis precisamente en términos del no cumplimiento de esta relación óptima. Esta distancia entre lo que no se cumple y lo que debiera cumplirse se recorre mediante el disciplinamiento de la fuerza de trabajo.

Existen mecanismos explícitos de disciplinamiento que tienen su origen en normas jurídicas. Existen también mecanismos implícitos al margen de cualquier norma jurídica. Estos últimos se configuran sobre el agrandamiento del espacio de intervención arbitraria de la gerencia. Una completa regulación de las relaciones laborales es simétrica a la desaparición de cualquier espacio de intervención arbitraria. Aquellos cambios legislativos que posibilitan el control exclusivo por parte de la gerencia del proceso de trabajo, agrandan ese espacio de arbitrariedad. Entre uno y otro ámbito se interfiere el grado de organización de la fuerza de trabajo como factor que contrarresta la arbitrariedad.

La arbitrariedad lo es sólo en la medida en que son acciones no reguladas, frente a las cuales no cabe posibilidad de respuesta. Lo relevante es que la existencia de este espacio hace posible la constatación de dos fenómenos. Uno, es la constitución de un espacio fuera de toda legalidad, en cuyo contexto la referencia al Estado de derecho es una mera ficción. Otro, es que revela el carácter coactivo de las relaciones laborales, dentro del cual se enmarca la expresión de lo que constituyen los intereses de los trabajadores. Estos últimos son expresión de su elección voluntaria, pero a la vez esta voluntariedad es producto de una elección racional entre distintas posibilidades. La coacción subyacente es precisamente lo que configura uno de los aspectos sobre los que se basa esa elección racional.

Estas actitudes de aceptación de los sindicatos en abstracto, pero de rechazo como instancias perjudiciales, tiene su suelo real allí donde se amplían esos espacios de arbitrariedad gerencial. Espacios en los que, en forma desnuda, se pone en evidencia la relación real de oposición entre fuerza de trabajo y beneficio. En forma desnuda y a la vez muda, ya que carece de toda forma visible de expresión. En este punto se contiene la contradicción entre el enunciado de un orden jurídico que reconoce a los sindicatos y las exigencias de la racionalidad económica que concede a la gerencia la preeminencia sobre el proceso de trabajo. Esta tensión es el intersticio de la confrontación, que no tiene, en forma inmediata, perfiles visibles.

Las formas que traban el acercamiento del trabajador al sindicato son la manifestación de este fenómeno. En unos casos el trabajador, ya sea porque se encuentra respaldado por el comité, ya sea por su situación jurídica, se mueve en un campo de relaciones en las que, con distintas alternativas, puede hacer valer sus derechos. En estos ámbitos el trabajador tiene libertad de expresión, pudiendo canalizar sus particulares inclinaciones político-sindicales. En otros casos, mediante presiones constantes que empujan a los trabajadores a la desafiliación. Un delegado sindical de una empresa mediana del metal relata lo siguiente: «... poco a poco la gente se ha ido borrando, y es que la empresa va hablando con ellos y diciendo cosas... y luego es que, en este aspecto, los trabajadores tienen poca conciencia»(52). La presión de la empresa hace que la gente no quiera que la empresa conozca su afiliación. «De hecho, las afiliaciones que he hecho yo me dicen, oye no digas que estoy afiliado, es porque hay miedo por parte del trabajador»(52). Esta actitud se inscribe en un contexto en el que, sin embargo, el comité es respaldado en las elecciones por el noventa por ciento de la plantilla. Igualmente, el trabajador sigue viendo al sindicato como una instancia en la que poder plantear sus problemas. Este mismo delegado explica que la gente se afilia cuando «prevé algún tipo de problema»(52).

En ocasiones, la presión se ejerce sobre los miembros del comité. Un jornalero, delegado sindical, describe así su situación: «Cuando uno es delegado, los jefes te ponen a tu sueldo fijo, a tu convenio... tú hechas las cuarenta horas a la semana y los otros a quien el tío interesa pues les paga más dinero y están más tiempo y trabajan más»(9). Es, como puede verse, una exclusión que no supone transgresión de la norma, sino que está basada en el uso discrecional de un ámbito fuera de la regulación. La posibilidad de alargar o no la jornada y de aumentar el sueldo está en manos de la gerencia que la concede en forma discriminatoria. Esta utilización de la discrecionalidad, en la medida en que no cabe oponerle ninguna defensa, se muestra como un efectivo mecanismo de disuasión. Sólo allí donde existe una activa presencia sindical y donde se han restringido los usos discrecionales, esta vía de exclusión es ineficaz.

Un trabajador de Banca describe un proceso similar de exclusión. Refiriéndose a los miembros del comité, dice: «Ya no son personas gratas»(53). Esto es congruente con el haber interiorizado que las personas sindicalmente activas son elementos externos a la empresa. La lealtad a la empresa y la lealtad al sindicato se perciben como antagónicas. Pertenecer al comité sitúa al trabajador fuera de la empresa, o, quizá, habría que decir con más precisión, que queda marginado en todas aquellas decisiones que son exclusiva atribución de la gerencia, de modo notable, la promoción interna. Carrera profesional y pertenencia al comité constituyen los extremos de la alternativa para el empleado. Nuevamente esto pone de manifiesto la misma falta de objetivación del mecanismo de exclusión. Esta discurre a través del cauce de las relaciones informales. Refiriéndose al comité dice este empleado: «Les amparan todas las leyes... pero una cosa es lo escrito y otra cosa es la vida diaria»(53). La distancia entre lo que está legislado —la no discriminación de los miembros del comité— y la práctica cotidiana refleja las posibilidades de control gerencial de las actividades sindicales.

Allí donde no existe negociación colectiva y ha sido sustituida por la negociación individualizada, «uno a uno», lleva consigo el alargamiento de la discrecionalidad gerencial. Esta puede terminar por abarcar al conjunto de las condiciones de trabajo. Un dependiente de comercio, fijo de plantilla y con muchos años en la empresa, hace depender su posición en la empresa de «la mentalidad que pueda tener el empresario con relación a ti, si cree que tienes interés o no tienes interés»(27). Es un círculo de hierro en el que la ausencia de comité supone la constitución de la gerencia como instancia inapelable, en cuyo contexto resulta difícil cualquier actividad sindical.

Esta situación puede derivar hacia un modelo de relación gerencia/trabajador que puede calificarse claramente como despótico. La voluntad del empresario es absolutamente indiscutible. Hay una clara percepción de que en el momento que alguien intente cuestionar aspectos relativos al salario, la jornada, etc., «no dura ni horas»(54). Cualquier convenio, cualquier norma externa es, dentro de la empresa, papel mojado, «allí no reclama ni Dios», dice gráficamente, para señalar esta autoridad inapelable. Si por cualquier contingencia es necesario alargar, o incluso doblar la jornada, el empresario no precisa contar con el acuerdo de la plantilla. Éste es el relato de una situación de este tipo: «Dijo que se hacía el doble, y punto»(54). La disciplina laboral, producto de este control, se impone como un reflejo interiorizado por la plantilla. El empresario percibe como una agresión tanto la negociación como la referencia al convenio. Y en estos mismos términos reaccionan los trabajadores que ya no ven la negociación o el convenio como un derecho suyo, sino también como agresión, que debe evitarse al empresario. En este ámbito, el orden de prioridades en la relación sindicato/empresa está claramente establecido: «Creo que CC.OO. y UGT han intentado estar allí y no han pasado de la puerta»(43). Dentro de la empresa, los sindicatos son incompatibles con la voluntad del empresario. Sólo de puertas hacia fuera es posible plantearse la actitud hacia ellos.

La condición jurídico-laboral es otro factor que condiciona la posición del trabajador frente al sindicato. Una empleada, eventual en una empresa de mensajería, percibe así su dependencia: «El jefe, en un momento, puede decirte "te vas", y te vas, y te tienes que ir. De otra forma si hubiera un... por ejemplo... un sindicato detrás, pues no te podrías ir tan fácilmente»(41). La creencia de que el sindicato puede contrarrestar su dependencia respecto de la gerencia no le lleva a la afiliación. Lo que formula es la demanda de un sindicato que la respalde, sin que eso signifique su implicación directa en él.

Esta actitud es congruente con la percepción de la superioridad de la empresa en su confrontación con el sindicato. Un joven eventual, tras explicar cómo la empresa le ha reducido unilateralmente su salario, razona así la causa de su pasividad: «(Un trabajador) metió a la empresa en juicio y no le han vuelto a llamar»(55). El carácter no objetivado del mecanismo de exclusión revela otra vez su eficacia. El trabajador puede acudir al sindicato y tratar de impedir la reducción de su salario, pero la empresa puede, una vez finalizado su tiempo de contrato, no volver a contratarlo.

Hay un claro desdoblamiento de planos. En el exterior de la empresa, el sindicato es visto como una instancia que defiende al trabajador. Cuando la relación laboral se rompe, es cuando el trabajador acude al sindicato. Dentro de la empresa, el sindicato, en la medida en que no puede contrarrestar la presión de la gerencia, es una fuente de problemas para el trabajador. Afiliarse es, en este contexto, ponerse en evidencia. En las situaciones que se han descrito, cuando el trabajador está en la empresa, la gerencia le indica que es a ella a quien debe lealtad. Sólo cuando se rompe definitivamente la relación laboral, el trabajador puede ver al sindicato como contrapoder de la empresa, y por tanto como salida a sus problemas. En definitiva, y en estos casos, el sindicato es el problema cuando el trabajador está dentro y la solución a sus problemas cuando está fuera. En el contexto en el que la exclusión es viable, la presencia del sindicato obliga al trabajador a definirse en un sentido o en otro. La acción del sindicato coloca al trabajador en una tesitura que puede derivar en algunos casos al desarrollo de actividades contrarias al sindicato. Un empleado de Banca describe este fenómeno de escisión de lealtades. Unos trabajadores mantienen su apoyo al comité y otros «... que son muy leales a la empresa, que lo que dice la empresa vale, y lo firmarían e irían con los ojos cerrados donde diga la empresa. Estos están siempre... están siempre en contra del comité»(53). Estos últimos terminan asumiendo el discurso que contrapone sindicatos a trabajadores. De este modo, la exclusión no se presenta como un hecho unilateral de la gerencia, sino también como un hecho que tiene su origen en una parte de los trabajadores. Así, el debilitamiento de los sindicatos no tiene sólo su origen en la falta de adhesiones, sino en el rechazo que se origina en algunos sectores, previa escisión de la plantilla.

La presión gerencial tiene el efecto de suscitar consenso frente al sindicato en una parte de la plantilla. El resultado es, entonces, que cualquier cuestionamiento de las decisiones del empresario no sólo enfrenta a quien lo hace con la gerencia, sino, además, con el resto de la plantilla. Un trabajador relata una experiencia de distanciamiento similar: «Una vez intenté hacer algo y me han vuelto la espalda todos»(54). La misma experiencia relata el delegado sindical de una explotación agrícola. Cuando plantea reivindicaciones sindicales al empresario, dice refiriéndose al resto de la plantilla, «me los pongo en frente a los trabajadores»(9).

El desdoblamiento entre la aceptación del sindicato en abstracto y la negativa a afiliarse es una respuesta del trabajador condicionada por su dependencia respecto de la gerencia. Dependencia determinada, en último término, por la apropiación privada del puesto de trabajo. El creciente grado de flexibilidad en la regulación de las relaciones laborales, o lo que es lo mismo de ampliación de la discrecionalidad gerencial, confiere creciente relevancia a esta apropiación.

La percepción de esta dependencia suele tener un carácter ambivalente. Por una parte, el trabajador sabe que debe su puesto a la voluntad del empresario. Por otra parte, esto no le oculta las condiciones reales en las que desempeña su puesto de trabajo. Un joven que ha conseguido un contrato eventual en una zona de elevado desempleo, refleja esta ambivalencia. Al referirse al trabajo que acaba de obtener dice: «Se me ha aparecido la Virgen»(56). El reconocimiento de su «suerte», empero, no le impide decir: «Abusan de nosotros», cuando se refiere a las condiciones de trabajo.

Las dos cosas van de la mano y se reordenan a partir de la subordinación respecto de quién le da el trabajo. Una empleada de unos grandes almacenes describe una parecida relación. Refiriéndose a la empresa, dice: «Yo los respeto, y, gracias a ellos, pues, quizás... pero la sartén por el mango la tienen ellos». Quien le da el trabajo y a quien se lo debe en un contexto de escasez es a la gerencia; esto hace que una vez percibida la incompatibilidad entre los objetivos de la gerencia y de los sindicatos, se aleje de ellos. No se afilia a ninguno de ellos «porque me gusta trabajar, cumplir mi horario y ya está». Sindicato y cumplimiento de sus obligaciones se ven como cosas opuestas. El pertenecer al sindicato y el orden de la empresa son exigencias mutuamente excluyentes. La primacía de la gerencia es un dato que se deriva de su percepción de las relaciones de poder entre ambas instancias. Refiriéndose a los horarios y a su racionalización, dice: «Los sindicatos llegaron a conseguir..., pero luego vino la libertad de horarios y bueno ya está, ¿no?»(31). Los sindicatos en la negociación de sus intereses, el control de los horarios, tuvieron que ceder ante presiones más fuertes. Pero, una vez más, una cosa es reconocer la posición de los sindicatos respecto de sus intereses y otra diferente el acercarse a ellos dentro de la empresa.

El sindicato llega a ser para el trabajador el problema en sus relaciones con la empresa. A esto se llega cuando se trastocan los términos de las relaciones empresa, trabajador y sindicato. El sindicato deja de ser el mediador entre el trabajador y la empresa, la instancia que protege al primero frente al segundo. Ahora no sólo protege, sino que puede incluso ser perjudicial. El manchesteriano aserto de que los sindicatos perjudican al trabajador es una profecía que se cumple a sí misma.

Un trabajador eventual en el sector de la hostelería argumenta su no afiliación en estos términos: «Todo el mundo quiere vivir su vida aparte, sin tener problemas con ningún sindicato»(26). O, como dice más gráficamente en otro punto: «Si no tocas, no te pica». Estas referencias no van acompañadas de una valoración positiva de sus relaciones con la gerencia. Por el contrario, mantiene una constante línea de demandas. Pero estas demandas sólo pueden ser satisfechas por la gerencia. La interferencia del sindicato sólo le perjudica. Como sucede, sin embargo, en otros casos, se produce el mismo desdoblamiento. Si dentro son fuente de problemas, fuera, en el plano de las relaciones laborales, no les niega utilidad. Situado en este plano exterior, los describe bajo otra luz: «Yo los veo necesarios para quejas de los trabajadores... problemas que hayan tenido en... yo qué sé, en alguna empresa, despido inmediato, yo qué sé»(26).

En algunos casos el trabajador es incapaz de canalizar esta relación de dependencia y pasa a considerar al sindicato en términos negativos, desarrollando una crítica en la que se entreveran radicalidad y banalidad. Un trabajador temporal de la construcción, tras reafirmarse en la idea de que «esto es la ley del más fuerte», explicaba por qué se desafilió con referencias a los coches nuevos y trabajo fijo de los dirigentes sindicales.

Este tipo de relaciones son posibles, y lo son cada vez más, a medida que la empresa se refuerza como un ámbito privado en el que el único principio es la voluntad de la gerencia. Lo privado empresarial se distingue y diferencia cada vez más de lo público, en una línea en la que se dibujan dos mundos: uno, el público, regido por el derecho; y otro, el privado, regido por las relaciones de poder. El eje de esta escisión es la apropiación privada del puesto de trabajo, inscrita en una particular concepción de la economía que hace del empresario la clave del desarrollo económico.

Lo que se ha descrito en el ámbito privado empresarial no es describible desde la objetivación de la norma jurídica, sino de la casuística del sociólogo. No hay trasgresión de la legalidad y por tanto no se trata de un hecho «visible», pero esto no significa que no sea efectivamente percibido. La coexistencia entre esta percepción y su no «visibilidad», es precisamente lo que dota de eficacia a este mecanismo de supeditación. La crítica a las relaciones laborales, desprovista de anclaje visible, conlleva su retirada hacia la intimidad de la conciencia. Desde ahí se refleja en sus objetivaciones positivas: el trabajador no desea afiliarse al sindicato.

Hay una asociación entre el sindicato como fuente de problemas para el trabajador y su inutilidad. Esta asociación se cumple en el ámbito de la empresa durante el tiempo que tiene relación laboral. Cuando la relación laboral se rompe o frente a quiebras graves, el sindicato ya no es fuente de problemas, si no al que se recurre para solucionar los problemas. La autoridad patronal consigue expulsar a los sindicatos de la empresa porque el trabajador los rechaza. Consecuentemente, el sindicato sólo tiene utilidad cuando el trabajador está fuera de la empresa.

Este proceso de expulsión del sindicato tiene un perfil aparentemente paradójico. Dentro de la empresa, el trabajador no quiere saber nada del sindicato, pero fuera de la empresa recurre a él: es el problema dentro y es la solución de sus problemas fuera. Esto explica las tendencias a no afiliarse en condiciones de normalidad y a hacerlo cuando surgen, o se prevén problemas. Estas actitudes son, precisamente, el síntoma de esta expulsión, de su debilidad frente al autoritarismo empresarial.

5
CIUDADANOS Y POLITICOS

El obrero y el ciudadano se desdoblan en la vida cotidiana y se unifican en la vida política. La teoría tradicional ve al obrero en una relación consciente con el sistema político, al que rechaza desde la presión negativa de sus condiciones. Pero esta relación consciente se desvanece en múltiples administraciones que se organizan sobre la mediación entre el momento táctico y el momento estratégico. La línea del obrero consciente vincula su posición concreta con su referencia política. La imagen negativa que tiene de su relación con el entorno la proyecta al mundo de la política. Este hilo conductor ha persistido como característica más relevante del discurso militante acerca del grado de consenso.

El ciudadano, por su parte, se inserta en una teoría que describe sus tendencias políticas en términos parecidos al vacío de los supuestos de la física. La racionalidad del individuo en un contexto libre se refleja y expresa en el orden de las votaciones. El hecho político, circunscrito al acto de la votación, es el reflejo de la opción política. Lo político se constituye, en último extremo, como un mercado. En un extremo la oferta, protagonizada por los partidos políticos y, en el otro, la demanda de los electores. El ajuste entre la oferta y la demanda marca el equilibrio político. Los partidos tratan de adecuar su oferta a los distintos segmentos o a la totalidad de la demanda. El programa político se diseña y presenta como un producto cuya validez es refrendada en las urnas. En esta representación abstracta el mercado es libre en un doble sentido: libre desde la oferta en el sentido de que es posible formular cualquier opción, y libre desde la demanda en cuanto que no hay ninguna restricción exterior para la elección de las distintas opciones.

Al examinar de cerca las argumentaciones sobre la política, las relaciones se oscurecen hasta hacerse espesamente opacas, en una compleja red de mediaciones. La imagen del mercado se retuerce y distorsiona como cuando arde un cliché de celuloide. La claridad de la relación entre oferta y demanda se esfuma y se va desenvolviendo una nueva descripción del campo político, a lo largo del cual éste adquiere otra configuración.

Los partidos y las políticas son el punto de partida de esta revisión. Unos y otros tienden a describirse en términos cerrados sobre sí mismos y persiguiendo sus propios intereses. Es, en parte, congruente con la teoría de la política. El mundo político funciona como calco de la teoría económica porque los políticos, en la búsqueda de sus propios intereses, son un instrumento útil para los intereses de los ciudadanos. Encierra, por otra parte, una crítica a la autorrepresentación de la política y los políticos como vinculados al cumplimiento de determinaciones ideológicas.

Un joven, trabajador eventual, describe a los políticos en estos términos: «Uno me garantiza esto, otro me garantiza lo otro, pero esto lo veo yo como en una propaganda de productos de limpieza»(58). Es la imagen del mundo político, espejo del mercado, en cuyo contexto la política es sinónimo de técnica de marketing. Aquéllo que enuncia la política, el programa, es un producto que sirve para diferenciar a unos políticos de otros. Ser de izquierdas, de centro o de derechas puede, en último término, ser percibido como una marca publicitaria cuyo único sentido es el de la diferenciación.

El universo de los políticos se percibe, también, como un universo corrupto: «El que salga, va a ir a llenarse el bolsillo»(59). El político es visto bajo el prisma de la sospecha, como quien antepone sus intereses personales a cualquier otra consideración. Un joven parado resume esta idea: «Anteponen el dinero a los ideales de ellos»(20). No hay diferencias ideológicas en cuanto a esta imagen, de izquierdas o de derechas, la condición de político es siempre sospechosa. Este mismo desempleado completa su argumentación: «Llega un partido de izquierdas al poder, y, en vez de ponernos bien a los de..., vamos, de clases bajas, pues lo que hacen es subirse ellos a las clases de arriba y los demás que sigan igual»(20).

Estas descripciones de los políticos y de la política, a la vez que reflejan una radical visión negativa, encierran una contradicción. Por una parte, se describe al político como quien comercia con los votos y, por otra parte, se le descalifica como quien sólo persigue sus intereses. La contradicción se hace explícita cuando se remite a la metáfora del mercado y la eficacia. En este contexto, la eficacia depende de que la gestión del político sea consecuentemente recompensada. La política se resitúa dentro de las leyes del mercado y en este sentido debe cumplir un orden de correspondencias. En primer lugar, el político formula un programa que será refrendado en función del cumplimiento de las espectativas. En segundo lugar, la gestión del programa será más eficaz en la medida en que los intereses personales del político se realicen en el cumplimiento del programa.

Desde esta perspectiva, la corrupción se trasmuta en mecanismo de eficacia económica. La anteposición del dinero a los ideales no sería más que una crítica moralista. La crítica relevante sería aquella que hiciera hincapié en el no cumplimiento de lo prometido. El campo de la política como mercado se percibe en forma distorsionada. El cierre de los políticos sobre sí mismos se expresa también en otra forma: «... ves la política y dices, madre mía, que montaje está haciendo esta gente»(24).

Los políticos sólo hablan lo que es sinónimo de ineficacia y a la vez encubren sus intereses. Un joven, miembro de la Asamblea de Parados, votante del PSOE, los describe así: «Que están para ellos. Que si mucho hablar por la tele: "Hay que hacer esto, hay que hacer lo otro", pero a la hora de la verdad, no hacen nada»(40). El conjunto de las imágenes negativas de los políticos repite una y otra vez los mismos elementos: el ir a lo suyo, el proteger y buscar sus intereses y el no hacer nada. Otro trabajador abunda sobre lo mismo: «Todo el mundo promete y, luego, a la hora de la verdad, nada. Y, ¿quién tiene que pagar el pato?, el que está trabajando»(31).

Se plantea el problema de la interpretación de estas actitudes. Y en este sentido puede señalarse lo siguiente. En la concepción del campo político como mercado, la relación entre estos elementos se plantea en forma diferente ya que la búsqueda del propio interés es la condición de la eficacia. Esta interpretación tecnocrática haría de estas afirmaciones el síntoma de la incorporación del individuo a los mecanismos del poder y la gestión democrática.

En otra perspectiva la desconfianza hacia los políticos es vista como un síntoma de residuos antidemocráticos. No puede olvidarse que uno de los elementos del nacionalcatolicismo franquista fue la permanente descalificación de los políticos como corruptos. Esta descalificación era una de las bases ideológicas de la imposición autoritaria del poder político. De ahí que quepa interpretar estas actitudes negativas como un elemento residual. La progresiva consolidación de la democracia iría diluyendo estas percepciones negativas de la política.

Es posible, sin embargo, sostener la interpretación opuesta. No serían residuos antidemocráticos, sino adquisiciones de la nueva etapa política. En este caso, el desencanto es su expresión: «Cuando murió Franco yo decía: pues ahora sí conseguimos algo, algo importante, que luego... cuando ganó el PSOE, las elecciones, yo esperanzadísima, pensando que iban a hacer algo»(60). Esta reflexión tiene un doble origen. Es producto de una actitud politizada que ha sido defraudada (quien así habla es una antigua militante del Partido del Trabajo). Se extiende también a todas las formas de representación (no está afiliada y lo argumenta: «Estos sindicatos que tenemos ahora no sirven para nada»). En este caso, el rechazo a los políticos tiene una clara referencia a la actual situación. Podría decirse que ha sido la actuación de los políticos, de los políticos en general, la que ha venido a confirmar la predicción sobre su corrupción. El joven desempleado, votante del PSOE, los describe como una cofradía: «... entre ellos se pelean. Pero la cosa es de ellos... uno se subirá al poder, otro no subirá, ¿no?, pero a la larga ninguno hace nada, estoy casi seguro»(40). Es una imagen de cofradía en la que las diferencias ideológicas no son más que marcas que los diferencian internamente. Más radical, otro entrevistado los describe así: «Son todos unos sinvergüenzas, la falsedad es lo que les caracteriza a todos. Hay veces que oyes hablar a un político y te gusta lo que está diciendo, ¿no?, pero son tan falsos en este país que, de verdad, es mejor no hacerles caso»(24). En ésta y parecidas descripciones hay un eco que coincide con la descripción azoriniana de los políticos y que se inscribió como una de las claves de la regeneración política con la que se quiso legitimar la dictadura de Primo de Rivera.

La interpretación del significado de esta imagen negativa de los políticos se mueve, pues, en estos dos parámetros. Por una parte, como un producto premoderno nacido de la no comprensión del carácter de mercado de la vida política. Y, por otra parte, como la emergencia de una actitud regeneracionista, de significado antidemocrático. Ambos parámetros convergen en la asunción de la política como una profesión movida por el propio interés. La desideologización en que se pretende mover la tesis tecnocrática hace de esta actitud un elemento positivo. Al contrario que la ideologización de la otra interpretación que la transforma en un hecho negativo. Sin embargo, esta última interpretación desemboca en la concepción tecnocrática de la política como vía para la superación de esta negatividad. Concepción tecnocrática que revela su verdadero perfil político como autoritarismo, como erradicación de cualquier forma de intervención democrática.

En el fondo, una y otra interpretación sustentan análogas tesis sobre la función política: que se trata de un ejercicio impopular. La transparencia del político, el revelado de sus propias intenciones, puede ser un acto de aniquilación en cuanto que asume una actitud responsable ante los problemas de la política. La fuente de su legitimación, la elección democrática, el respaldo popular, entra en contradicción con su responsabilidad y la transparencia. Debe decantarse bien por la transparencia bien por la responsabilidad. En el primer caso, practica la demagogia, en el segundo caso debe separar cuidadosamente dos momentos: el de la llegada al poder y el del ejercicio del poder. La democracia y su correlativa exigencia de transparencia contienen un elemento de inconsistencia que hace del ocultamiento del proyecto político una necesidad.

El autoritarismo y la tecnocracia convergen en la puesta en primer plano de la responsabilidad y subyacentemente en el carácter impopular que supone su ejercicio. Para el primero, el político, aquel que vende programas políticos, es necesariamente un individuo falaz. Mentir y prometer es la vía en el sistema de sufragio para alcanzar el poder. La tecnocracia tiende a situar el problema en el otro extremo del plano: la función del político es ejercer la responsabilidad y ésta debe tener como motor la búsqueda del propio beneficio. Autoritarismo y tecnocracia descalifican la ideología bien como falsificación bien reduciéndola a un elemento de marketing, desconectado por completo con el momento del ejercicio del poder.

De este modo, la imagen negativa de los políticos se despliega no como corrosión del sistema político, sino como un elemento de afirmación. Y esto en un doble sentido. Por una parte, el despliegue de sus implicaciones lógico-discursivas avala las soluciones apolíticas, ya sea por la vía de la imposición autoritaria ya sea por la vía modernizante de la profesionalización de la política, en términos de profesión de quien busca su beneficio personal. Por otra parte, distancia y despolitiza el hecho de la intervención mediante el voto. Este, minimizado, se convierte en un objeto de escaso valor y, en consecuencia, susceptible de múltiples instrumentalizaciones.

La imagen de los políticos se corresponde a la de la política como algo negativo. Esto se refleja en el rechazo de la política como algo de lo que se prefiere no hablar por su naturaleza contaminada y contaminante. En unos casos, la política es lo opuesto a los intereses de los trabajadores. Una delegada sindical desvela una serie de relaciones, cuando mientras está hablando del PSOE y de la izquierda en general, se le pregunta su opinión sobre el PP y el CDS, al que ella considera en el campo de la derecha. Su respuesta suscita una inmediata perplejidad: «Eso ya es política»(38), dice refiriéndose a ese campo. Esta respuesta cobra sentido en el contexto de una serie de asociaciones. Primero, la identificación entre izquierda y trabajadores, por un lado, y empresario y derecha, por el otro. Segundo, cuando habla de izquierda no está hablando de política, sino de los intereses de los trabajadores. Cuando habla de la derecha es cuando utiliza el término «política». La política es sinónimo de una actividad que preserva aquello que está constituido. Conservador, derecha y política se desgranan como parte de lo mismo.

La política es una actividad que se sitúa, en su percepción, fuera de las cosas concretas: «No entiendo mucho de política, yo entiendo más de hechos que de política»(38). Los planos se desvinculan: una cosa es la práctica, lo que se hace, los hechos, otra cosa es la política. En el campo de los hechos las posiciones están delimitadas, en el de la política constituyen un campo de relaciones intercambiables.

Desde ahí a la concepción puramente instrumental de la política hay un paso. Concepción que puede ejemplificarse en respuestas como ésta a la cuestión acerca de cuál sería el mejor Gobierno: «Yo pienso que entre Fraga, centro, izquierda, no sé, algún chanchullo entre dos, no sé exactamente decirte»(38). Respuesta de difícil interpretación en términos de su lógica interna. En buena medida porque no existe tal lógica y en consecuencia hay que desplazar la atención hacia el significado de esa falta de lógica. De su respuesta destaca un elemento, la intercambiabilidad de las opciones políticas.

La política cuyas opciones son intercambiables, aparece en un contraluz ambivalente. Por una parte, se desvincula de la inmediata situación material. Se rompe la identificación entre Gobierno de izquierdas e intereses de los trabajadores. Cualquiera que sea el color del Gobierno, éste no tiene en sí mismo una influencia decisiva. Pero, por otro lado, el marco político no es visto como ajeno, sino que proporciona una referencia, positiva o negativa. Un funcionario de correos expresaba esta idea cuando pronosticaba que una victoria del centro derecha «sería beneficiosa para el trabajador... porque los sindicatos se movilizarían mucho más a gusto»(59). Es una afirmación cuya interpretación vuelve a ser caleidoscópica. Uno de sus aspectos es que en su origen se marca la dificultad de movilización contra un Gobierno de izquierdas. Una movilización necesaria dado que el Gobierno socialista ha defraudado las espectativas. En este planteamiento emerge la idea de un vértice piramidal, el Estado, que fagocita a quien lo ocupa, sea de una u otra orientación. Esto conecta con otro de los aspectos: cuanto más fragmentada esté la ocupación del vértice de la pirámide, o cuanto más alejado esté ideológicamente de los trabajadores quien ocupe este vértice, mejor para los trabajadores.

Junto a la idea de anteposición de los propios intereses, indiferencia entre las opciones e intercambiabilidad, comienza a apuntar la subordinación de la política y los políticos a una instancia objetiva. Todo ello configura a la política como lo distanciado, como una dimensión extraña a la situación concreta de los individuos. Una profesora de EGB, no afiliada a ningún sindicato, pero que sin embargo participa activamente en los conflictos sindicales, reflejaba con claridad esta actitud distanciada. En medio del relato sobre su participación en la última huelga del sector, se suscitó la cuestión sobre las posiciones de los partidos políticos. Su reacción en este punto fue rotunda: «Yo de política no sé nada»(59). Afirmación que denota un fuerte distanciamiento ya que tiene lugar en un contexto en el que está hablando de la huelga de maestros y la política económica y educativa del Gobierno. Esta afirmación recuerda al burgués de Molière quien de repente descubrió que hablaba en prosa. Ella estaba hablando de política, pero cuando una pregunta hace explícito el tema de la política, rechaza que esté hablando sobre ella. Sus referencias a la huelga, a la confrontación con el Gobierno, etc., en definitiva, su participación activa en las movilizaciones, las percibe en un plano distinto al de la política, rompiendo toda conexión entre una y otra.

El alejamiento de la política refleja el rechazo al entrecruzamiento entre la política y su práctica cotidiana. Un entibador resume todo el conjunto de estas percepciones sobre la política. En primer lugar, la política es cosa de otros: «Como digo yo, a ganar el jornalín, en política no me meto en nada»(7). El jornal es lo inmediato y lo que tiene significación real. La política es lo extraño. Esta disociación es opuesta a la relación que el discurso militante establece entre salario y política. En segundo lugar, argumenta su distanciamiento de la política en cuanto que es una actividad de la cual no vive: «Como no vivo de ello... el que viva de ello pues sí»(7). Quien practica la política practica una profesión. «El que gobierna, como digo yo, gobierna para él»(7). Una vez más, la referencia al discurso militante arroja luz sobre estas reflexiones. Este había establecido la línea de conexión entre salario, representación visible de la situación material y política. A una determinada situación concreta le corresponde una determinada opción política. Alienación es el rótulo que marca la distorsión de esta relación, cuando el trabajador se vincula a una opción política distinta a la que correspondería en función de su situación material. Aquí, sin embargo, lo que aparece es la despolitización, la quiebra absoluta de esa relación. En el discurso militante, la alienación hace referencia a la falsa percepción de sus propios intereses. Aquí lo que aparece es la percepción de sus intereses específicos y por ello distanciados de la política. Esta ruptura la refleja cuando al referirse a las movilizaciones, cuyo motor es la relación salarial, las desvincula de la política, afirmando que cuando se moviliza «es como reivindicación del obrero»(7). Es, pues, la configuración de la política como profesión, practicada por los políticos, lo que le mantiene ajeno a ella.

El distanciamiento se refuerza cuando la política se configura como una actividad específica que tiene sus propias reglas. Un joven desempleado ve la política como una cosa «para los entendidos en la materia»(20). Es una actividad extraña, «un rollo», «una comedura de coco». Es, desde el otro lado del espejo, el efecto del discurso tecnocrático que entiende la política como conjunto de reglas técnicamente definidas y manipuladas por expertos. La percepción de la política como profesión, hace de los políticos sus principales beneficiarios; «siempre son los mismos los que ganan»(20), concluye este joven desempleado.

Estas consideraciones sobre la política y los políticos van tejiendo una red de distanciamiento, compuesta por múltiples nudos. Es posible ordenar el entramado de estas conexiones a partir de la visión de la política como profesión. El tener reglas propias y exigir por tanto un aprendizaje, la configura como profesión. Su peculiaridad radica en el objeto de esta profesión. Exteriormente, en su autoidentificación, es la gestión del poder político. Para alcanzar esa posibilidad de gestión es necesario someterse a un proceso de sufragio. Esto constituye la otra parte del objeto de la profesión, alcanzar el poder político. En el cumplimiento de esta condición la ideología se utiliza como moneda de cambio. Los políticos se diferencian unos de otros en este momento, pero se identifican en el momento siguiente. De ahí el creciente escepticismo ante los programas políticos que son vistos simplemente como medios para la diferenciación. En el contexto de la política como profesión se produce una doble argumentación: primero, la que separa al individuo que no ha hecho de la política su profesión de la política; segundo, que los políticos persiguen sus propios intereses. Esto último tiene, en su valoración, un perfil ambivalente. Por una parte, el ejercicio de una profesión tiene como condición esa primacía de los intereses de los individuos. Por otra parte, la política aparece como sustraída a esta lógica. Cuando se habla de los políticos como profesionales, el eslabón lógico es considerar congruente que cada uno de ellos trabaje en la persecución de sus intereses. Este es precisamente el paso que da la teorización de la política en términos de mercado. Por una parte se enuncia, considerándolo por tanto relevante, que el político sólo persigue sus intereses. Por otra parte esto no produce ningún rechazo.

Ser profesión y por tanto vivir de ella, hace emerger otro elemento, que más adelante se explicitará, y es la tangencialidad de la política respecto de la transformación del orden vigente. Ninguna profesión tiene como objetivo la transformación, sino que más bien es el ejercicio de la administración y conservación de aquello que existe. Cuando la propia situación se percibe en términos negativos y se vincula su cambio a un cambio general, el cambio se desvincula de la política. Esto se pone de manifiesto en la afirmación de que se «moviliza como obrero» o en la concepción instrumental del campo político. Concepción que se traduce en varias versiones: que no esté la izquierda, que haya una combinación de distintos partidos, etc., pero todas tienen un punto en común: el señalar la liberación de obstáculos para cualquier cambio que puede derivar de la vida política.

Esta percepción de la política y de los políticos no abre la vía hacia ninguna forma de cuestionamiento. Cuando se ha roto la conexión entre conciencia individual y conciencia política, cuando una y otra se constituyen en planos diferenciados, se ocluye el despliegue de la crítica. El orden político se desvincula del orden social y queda sustraído de la responsabilidad de su mantenimiento.

Esta concepción de la política o bien desliza al individuo hacia la abstención o bien lo sitúa en un contexto en el que el voto pierde todo significado. Este se transforma en un medio de expresión de difusos sentimientos. El programa pasa a un plano oscuro, bien porque no se le concede ninguna credibilidad, bien porque no se le presta atención. Teniendo esto como trasfondo puede hacerse un intento de proporcionar algunas razones de la concreta orientación del voto.

En el contorno de la fuerza de trabajo hay un conjunto de identificaciones que están siempre presentes. La noción de izquierda como equivalente a trabajador y la de derecha como equivalente a empresario, es una de las más persistentes. Esto ha determinado la relación particularmente privilegiada entre este colectivo y la izquierda y dentro de ella el socialismo. Una relación que, sobre todo a partir del año 1982, estará sujeta a una tensión que vendrá a confirmar para muchos la idea de la política como profesión.

Tras un prolongado período de Gobierno de izquierda y una huelga general por medio, un trabajador hace la siguiente reflexión: «En un principio, pensábamos, son del PSOE, y lo estarán haciendo porque estaba muy mal el país y quieren levantarlo, pero claro, ves que han pasado seis años y ves que todo sigue igual»(61). Es una actitud frecuentemente repetida, que remite a la idea de una línea pendiente. Un momento inicial en el que el Gobierno de izquierdas, un Gobierno afín a los trabajadores, empieza su labor con un amplio margen de confianza. Un punto de llegada en el que esta confianza ha sufrido un fuerte deterioro. La conclusión de este análisis es desplazar su voto hacia la derecha o al centro. Pero este desplazamiento no es síntoma de rompimiento de la identidad trabajador/izquierda, sino producto de la decepción causada por el Gobierno socialista.

La visión negativa de la izquierda en el Gobierno tiene otros efectos. Una trabajadora parte de la descripción de la misma pendiente hacia el rechazo, pero sus conclusiones serán diferentes. Refiriéndose al Gobierno socialista dice: «Parece que se han vuelto la chaqueta. Antes, por lo menos, estábamos unidos, pero ahora está peor que Fraga... cuando en la televisión sale (se refiere a Felipe González) pues me cabrea, porque veo que se porta muy mal con nosotros»(45). El «nosotros» es el punto de partida de la acusación a la izquierda. Una acusación que tiene dos frentes: uno es que ha provocado la fragmentación de los trabajadores que antes estaban unidos. Achaca, en definitiva, a los socialistas el haber roto la idílica imagen del tandem izquierda-trabajadores que la imaginería política había construido durante los años setenta. Otra es que ha «traicionado» a los trabajadores.

Un análisis como éste, no se traduce en una radicalización más a la izquierda, sino en el alejamiento respecto del sistema político. En las próximas elecciones, su voto será el de la abstención: «No voy a votar a nadie porque creo que no. Estamos mejor, pero no estamos mejor que cuando vivía Franco, sí, que ni se puede salir a la calle, pero no hay libertad, hay libertinaje, la gente no somos conscientes de lo que hemos votado. Democracia no, libertinaje sí...»(45). La conclusión de su análisis deriva, pues, hacia un conjunto de tópicos de marcado tinte reaccionario. Nuevamente, hay que hacer referencia al discurso militante. Este había hecho de la crítica una suerte de broca que abre distintas capas hasta llegar a la racional identificación entre opción política e intereses de los trabajadores. Aquí, la crítica ha transitado en otra dirección. De la «traición» del Gobierno socialista a los trabajadores se ha terminado en el discurso confuso, en el que se percibe la culpabilización de la gente que ha confundido democracia con libertinaje.

El mismo análisis sobre la izquierda en el Gobierno y la misma conclusión, la abstención, se encuentra también en un trabajador del sector del metal. La diferencia estriba en que la abstención no se argumenta sobre el discurso reaccionario. Su argumentación completa es la siguiente: «Sinceramente, mi intención es no votar. Lo que ha ocurrido a partir del 14-D, pues ha cambiado un poquito las cosas... estoy escamado en el sentido de que te prometen, dicen que van a hacer y luego llega la hora de la verdad y nada... para qué voy a votar si luego hacen lo que quieren... yo hasta ahora siempre he ido a votar, porque lo creo, oye, porque además es un derecho que tenemos, pero llega un momento que te cansa también»(5). El camino hacia la abstención se emprende también desde la reflexión sobre el carácter profesional de los políticos. La crítica a la política tiene efectos diversos, bien hacia la abstención, con múltiples argumentaciones, bien hacia la ritualización del voto político.

Una joven, que trabaja como mensajera, describe la política y el hecho de votar como quien describe un mundo exterior. Un mundo que, en primer lugar, se caracteriza por tener «muchos líos, muchas opciones, mucho lío, mucha gente»(41). El vínculo que establece el sufragio entre los ciudadanos y los políticos —«la gente vota en vano»(41)—, carece de significación. En lo que hace hincapié es en el universo separado que conforman los políticos, al que gráficamente describe diciendo: «Se ve el cielo, pienso yo, nunca he estado ahí arriba»(41). El que la atención se desplace hacia la crítica del mundo de los políticos conlleva que su relación con los políticos se quiebre. Este universo de políticos y política cobra el carácter de una instancia más de las muchas que la rodean. Es un grupo privilegiado, como uno más de los que existen a su alrededor, y en todo caso su integración en él se plantea como puede plantearse su integración en esos grupos privilegiados. Un joven desempleado justificaba la abstención en que «no me interesan esas cosas».

La distancia ha provocado, pues, la abstención, pero igualmente puede provocar la inmovilidad del voto, su conversión en un simple ritual, remotamente orientado por un difuso sentimiento político ideológico. Un trabajador, perteneciente a la plantilla de una gran empresa, y que participó plenamente de acuerdo con la huelga del 14-D, mantiene sin embargo su voto a los socialistas. La razón que esgrime es que «tengo sentimientos socialistas»(1). Este voto no le impide asociar la política del Gobierno socialista como contraria a los trabajadores y por tanto a sus intereses. Los socialistas, dice en distintos momentos, favorecen a los de siempre y perjudican a los trabajadores.

Al argumentar su posición entrecruza, balanceándola, dos explicaciones: una, crítica con los socialistas, y otra crítica con la derecha. En este contexto considera al Gobierno socialista como una suerte de mal menor. Así resume el resultado de la comparación: «Seguiré siendo crítico..., pero voto de castigo no se lo doy, no se lo doy porque, ¿a quién se lo voy a dar?... A uno de derechas, no. Prefiero dárselo a él y decirle, eso está mal...»(1). Movilización contra el Gobierno socialista y a la vez apoyo electoral reflejan una encrucijada en la que la linealidad entre movilización y política se ha transformado en un conjunto de dos líneas paralelas. Una votante socialista, pero muy crítica con su política, encara así su voto en las próximas elecciones: «Lo malo es que no lo sé..., lo que sí no me gustaría nada, es que incluso lo mal, lo mal que lo están haciendo los del PSOE, no me gustaría nada que saliese el PP, ni por supuesto... no se como se llama el del centro, Suárez. Y si acaso, pues desde luego socialista, con tal de que ellos no tuvieran mi voto, o que mi abstención se pudiera contar como voto favorable a ellos»(60). La derecha es el horizonte amenazador tras la desaparición del Gobierno socialista. El votar a éstos no significa acuerdo con ellos, sino impedir que los otros ocupen su lugar. Una posición parecida es la que se pone de manifiesto en el comentario de una mujer: «En las anteriores yo había votado al Partido Socialista, pero en las últimas no voté. Y en las próximas, pues no lo sé, según, depende. Si Fraga lleva mucho, soy capaz de votar otra vez a los socialistas o a los comunistas»(62). La crítica a los socialistas se refleja en la abstención en las siguientes elecciones. Lo que ahora le llevaría a votar nuevamente no es la reconsideración de su crítica, sino el peligro de la derecha. Se encuentra aquí una nueva manifestación del fenómeno de que una misma crítica conduce a diferentes resultados. En un caso, se ha producido un alejamiento definitivo del sistema político, en otro se le otorga un voto pero como expresión de un vago sentimiento y por último se le otorga el voto como forma de impedir la vuelta de la derecha.

Esta última actitud es característica de trabajadores adultos y dotados de una cierta cultura política de lo que vagamente podría llamarse «la izquierda». Uno de los elementos de esta cultura ha sido el posibilismo. Este es una suerte de quiebro en el que, valorando negativamente los acontecimientos políticos, se aceptan, sin embargo, como un momentáneo mal menor. La crítica, el seguimiento de movilizaciones contra la política del Gobierno socialista no es en este caso una razón suficiente para privarle del apoyo electoral.

Este quiebro táctico viene condicionado por la unilateralidad del procedimiento de participación democrática. La centralidad del voto y en la medida en que el voto es el único vehículo de participación política, transforma la democracia en un plebiscito. Esta lógica plebiscitaria cierra el problema político como elección entre opciones excluyentes. La participación política se digitaliza, lo que significa que deben no resolverse los problemas políticos sino elegir una opción. Esta reducción desmoviliza al individuo respecto de la opción política que ha elegido. Pero si de lo que se trata es de conseguir que se cumpla esa determinada elección y no de que se movilice el individuo, el voto cumple la función de sostener el sistema político. Esta digitalización confronta al individuo con opciones excluyentes: participar o no, votar en un sentido o en otro.

La relación crítica tanto con la política como con una determinada opción política, apunta, en muchas ocasiones, a un horizonte inamovible. Reconstruyamos la argumentación. Los políticos son vistos como una profesión, un colectivo que persigue sus propios intereses. Pero, además, su actividad es percibida como la repetición de aquello que ya existe. Cuando se habla del político como un profesional se están reasumiendo ambos aspectos, lo que significa que el político es colocado en el círculo de la política y es ésta quien determina sus reglas de juego. Es lo mismo que sucede con el ejercicio de la profesión, que se sujeta a reglas establecidas y no las transforma. La «mentira» del político se ejerce en el camino hacia la profesión, llegándose incluso a considerarla un proceso normal. Donde se coloca al político es por tanto en el horizonte natural de las cosas cuya estructura no puede alterar. Este horizonte natural, que determina la actitud del político, refuerza dos supuestos: uno, el de la política como profesión, lo que lleva implícito el recorrer al coste que sea el camino de llegada al poder; y otro, una actitud exculpatoria que a la vez que contiene la crítica no retira el apoyo electoral.

Esta actitud exculpatoria se pone de manifiesto en reflexiones como éstas: «Es que el Gobierno no sé si realmente puede hacer algo en relación al mundo empresarial, es que no sé si puede solucionar o no puede solucionar lo del paro juvenil»(27). Esta misma actitud la generaliza poniendo de manifiesto su escepticismo frente a la política: «Todo es política, y es que en definitiva los trabajadores van a seguir sufriendo las consecuencias toda la vida»(27). Se vienen a dar la mano dos suposiciones: una, que el orden social que pretende administrar la política es inamovible; otra, que en ese orden inamovible el trabajador se percibe «abajo». Cualquier promesa es una frustración y un engaño, pero no un autoengaño. Se asume que se está en el contexto de un orden natural.

Este horizonte en el que el vértice del orden social está naturalizado impide la continuación de la crítica. Esta naturalización está representada por la racionalidad económica, cuyo contenido puede ser diversamente interpretado. Un empleado de Banca describía las movilizaciones y el descontento que traducen como producto de las «medidas antieconómicas que está tomando el Gobierno con toda su política»(63). Las desigualdades, expresado en otras palabras, son producto de la gestión no económica. Lo que se achaca al Gobierno es que no aplique, por diversas razones, esa racionalidad económica. En todo caso subyace la identificación entre racionalidad económica e igualdad social. Economía e igualdad son términos necesariamente correspondientes. El discurso de la eficacia y el de la igualdad van de la mano. La desigualdad es producto de la ineficiencia y a su vez es un producto arbitrario que tiende a proteger determinados intereses. La estructura de poder que perpetúa esa desigualdad se disolvería si se aplicara la racionalidad económica. En este contexto es donde se critican las medidas del Gobierno, negándoles su carácter económico.

Esta asociación entre la crítica y la racionalidad económica es característica de la tradición izquierdista. Su efecto paralizante se muestra con nitidez cuando se aborda el problema de la tecnología. La realidad cotidiana ha mostrado a muchos trabajadores que el origen de la pérdida de empleo está directamente relacionada con la introducción de innovaciones tecnológicas. Un trabajador de unos Astilleros que fueron reconvertidos, lo refleja claramente: «Para mí, la falta de trabajo es mentira. Lo que a nosotros nos vino a fastidiar fue la maquinaria nueva»(64). Sin embargo esto es inexpresable en el contexto del tradicional discurso de la izquierda, en el que el progreso y la tecnología constituyen el motor del desarrollo.

La tecnología es la manifestación del progreso. Como resultado hay un corte entre el enunciado que responsabiliza a la maquinaria de las pérdidas de empleo y la conclusión política, base de las movilizaciones. Todo aquello que se relaciona con el progreso paraliza cualquier reacción ante sus efectos. Economía y tecnología son dimensiones racionales y, como tales, sus efectos sociales no son nunca perjudiciales. La crítica a uno y otro equivale a la crítica a la razón y en consecuencia al despliegue del irracionalismo ideológico.

El discurso político de la izquierda se ve permanentemente confrontado con esta encrucijada. La particularidad de los efectos que producen la economía y la tecnología queda subordinada a la defensa abstracta de la economía y la tecnología como racionalidad. Hay, en este contexto cultural, una cerrada identificación entre liberación individual y socialismo como desarrollo de la razón y del progreso, dentro de los cuales está la tecnología y la economía. El socialismo no sería más que la apropiación pública de las técnicas, de la tecnología y de la economía como vía para hacer de la racionalidad el único principio de acción política.

La relación entre movimiento obrero y tecnología tiene una larga historia, uno de cuyos antecedentes más conocidos es el movimiento luddita. Estas relaciones se han caracterizado por un repliegue de la lógica del progreso representado por la maquinaria. Esta supeditación impide abordar el problema de la racionalidad tecnológica y económica y cuestiona la idea de la subyacente convergencia de intereses entre clase obrera y lógica del progreso.

La racionalidad económica y tecnológica paralizan la crítica al situarse fuera de la política. Se constituyen así dos planos diferenciados: uno, el de la objetividad, que actúa como principio de realidad y que condiciona todas las decisiones; otro, el de las decisiones subjetivas, que no puede, sin embargo, desmarcarse de los límites que impone la realidad.

El plano de la realidad objetiva se construye desde diferentes referencias. En unos casos, es la percepción de que hagan lo que hagan los políticos la realidad tiene sus propias normas. En otros casos, es la constitución de un campo de racionalidad económica, de cuyo cumplimiento depende la ordenación de las relaciones sociales en uno u otro sentido. Esta perspectiva termina paralizándose en la medida en que los actos de la economía se muestran no como arbitrarias construcciones, sino como producto de la racionalidad. Derivados hacia este punto, la dominación se naturaliza.

Una y otra posición tienen en común la despolitización de la racionalidad, la asunción de la objetivación como lo constitutivo del orden social. Hay una línea que vincula la percepción de lo real como inamovible y la percepción de la política como violación de la racionalidad. En un caso no existe mediación. Lo real es lo racional que se impone como lo único posible. Esto da origen, finalmente, al discurso exculpatorio. En otro caso, la mediación o bien se disuelve en la constatación del carácter racional de las decisiones políticas, o bien permanece como una referencia de carácter estratégico, pero sin relevancia en la intervención inmediata. Esto resume la dificultad de la crítica del orden vigente. Dificultad que radica en la despolitización de la racionalidad.

Esto configura lo que podría describirse como el círculo de la desmovilización. Este círculo puede describirse en los siguientes momentos. Primero, es la caracterización de los políticos como grupo corporativo que persigue sus propios intereses. La racionalización de la política en términos de mercado hace de esto un hecho positivo. En la medida, pues, que se desarrolla esta visión de las relaciones sociales, la percepción de la política, en estos términos, deja de ser origen de tensiones. En segundo lugar, la política es el trabajo de los políticos. Es un plano distante, que se constituye como una profesión. La elección es el mecanismo de acceso al ejercicio del poder. Forma parte del ejercicio profesional y en su contexto adquiere significado el discurso político ideológico. Si en el ejercicio del poder no hay diferencia entre los políticos, en el acceso al poder es donde se marcan estas diferencias. La ideología adquiere un carácter exclusivamente instrumental, es un recurso de la profesión. En tercer lugar, lo político se disocia de la racionalidad económica, que emerge como el vértice objetivo de la organización social. Se construye la imagen de que gobernar es algo diferente a hacer política. Gobernar es aplicar reglas técnicas, es administrar. Hacer política, por el contrario, es hacer ideología y manipular en función de los intereses particulares de los políticos.

Esta disociación se realiza completamente en el autoritarismo, constituyendo una de sus señas de identidad. Se gobierna para todos —éste es el argumento— porque se aplican reglas técnicamente neutras. Lo político se diluye como lo negativo, frente a la técnica como lo positivo. En último extremo, el apoliticismo y la capacidad técnica se configuran como las cualidades del Gobierno.

Hacer política y gobernar se asientan sobre referencias diferentes. Hacer política es la función de los políticos, sobre los que recae una general descalificación. Gobernar es aplicar reglas. En esta distinción subyace la ruptura de la relación entre representados y representantes, que en la teoría parlamentaria actúa como principio de legitimación. Los políticos alcanzan su posibilidad de gobernar en la manipulación electoral. El sufragio es el mecanismo de acceso. Pero la función de gobernar, el aplicar las reglas de la administración, se encuentra desvinculada de cualquier refrendo democrático. El sufragio es un mecanismo de selección de gobernantes que, una vez investidos como tales, deberán abandonar la política y ejercer como técnicos capacitados.

Al completar este ciclo conceptual se paraliza la crítica política. El trabajador percibe su situación personal en términos negativos. Negatividad que se extrema cuando se compara con otros grupos sociales. Por otra parte, la política, como aquello que ejercen los políticos, está cerrada como vía para transformar esa situación. El Gobierno, aquello que está por encima de los políticos, es el ejercicio de la Administración, cuyos efectos no llega a conectar con su situación negativa. Mientras hace objeto de crítica a los primeros, excluye y exculpa al segundo.

Este ciclo de la desmovilización comporta un cambio de significación de lo político. Lo político se va retirando hacia el interior, como un hecho de conciencia, desvinculado progresivamente de cualquier referencia a su situación material. Esa transformación de la política en un hecho de conciencia, significa que lo que se toma en cuenta a la hora del voto no son determinaciones exteriores, sino determinaciones de la conciencia. La opción política se va configurando como algo íntimamente personal.

Esta retirada del voto hacia el interior, hacia la conciencia, la pone claramente de manifiesto un trabajador quien, a lo largo de la entrevista, no tuvo inconveniente en hablar de todas las cuestiones que se fueron suscitando. Sindicalismo, actuación personal, salario, etc., fueron fluyendo sin ninguna dificultad. Esta fluidez se interrumpió cuando el entrevistador preguntó abiertamente por la opción política a la que pensaba votar. Su respuesta es reveladora: «No, eso mejor no me lo preguntes, porque prefiero no decirlo, ¿no? Sí, ¿no?, es que son cosas que... luego si quieres te lo digo a ti, ¿no?»(8). Sin la grabadora, sin público, en privado, son las condiciones para explicar el voto. Condiciones que reproducen la escenografía del voto secreto en la urna.

El retroceso de la política a la conciencia, la interrupción de la relación entre individuo y totalidad, en definitiva, la despolitización, se van a constituir en el mecanismo del consenso. El discurso militante enunciaba la conexión entre situación material y política. La alienación, la falsa conciencia, explican la falta de correspondencia entre uno y otro momento. La educación política, la intervención externa del partido sobre la conciencia eran el mecanismo que establecía la conexión entre situación material y política. Con la interiorización como un hecho de la conciencia, la política pierde su capacidad de expresar las reivindicaciones materiales.

Esto obliga a replantear sobre un terreno diferente el problema de la legitimación. La legitimación ha constituido uno de los centros de atención a la hora de explicar el mantenimiento del orden político. El punto de partida para la formulación del problema es el supuesto que el individuo se sujeta al orden político porque lo cree legítimo. Se trata de un problema que hunde sus raíces en la emergencia del individualismo y la ruptura del orden jerárquico estamental.

Las ideas religiosas, primero, y los valores ideológicos, después, han sido factores explicativos de estos vínculos. En líneas generales, la legitimación ha sido interpretada como el producto de la asunción por parte del individuo de un conjunto de ideas y valores que lo asocian al orden establecido. Autores tan distintos en su significación teórico-política como Hayeck y Habermas, han insistido en este punto. Hayeck habla de «verdad simbólica» al referirse a la necesidad del orden social. La interiorización por parte de los individuos de este conjunto simbólico es la condición para el despliegue e integración de los individuos en el orden social. Habermas habla de valores, como libertad e igualdad, que estarían en la base de la legitimación. Otras versiones de la legitimación hacen hincapié, no en el contenido de cualquiera norma moral, sino en la forma del sistema político como clave de la legitimación.

La interiorización de la política, su transformación en un hecho reducido a la conciencia corta el círculo entre conciencia y expresión política. El campo de lo político adquiere un perfil distinto. En primer lugar, trastoca las relaciones entre legitimación y política. La legitimación no se traduce en la uniformidad y el consenso político, sino que el campo uniformado de la política proporciona los elementos de la legitimación. Esto supone trasladar, en alguna medida, los mecanismos de legitimación. Estos ya no son previos a la uniformidad política, sino que la uniformidad política se ha transformado en el mecanismo de legitimación. El consenso no es producto de la legitimidad sino de la afasia política, de la incapacidad de traducir al lenguaje político las determinaciones materiales inmediatas.

Trastocado el perfil de esas relaciones, el significado de aquello que se traduce políticamente adquiere otra dimensión. La sociología de los sesenta acuñó el término «aburguesamiento de la clase obrera». Con él se sugerían diversas cuestiones. La asunción de los valores de la democracia constituía el síntoma inequívoco de ese proceso de integración.

Estas argumentaciones partían de un doble supuesto. Uno, que la ideología de la clase obrera había compartido el rechazo a la democracia, como una de sus características dominantes. Otra, que existe una línea de conexión entre conciencia y política. Esto último permite leer desde los datos de la política el estado de la conciencia. La aceptación de los valores de la democracia es el reflejo de la conciencia integrada y, en último extremo, de la superación del viejo conflicto de clases.

Al analizar las descripciones sobre la percepción inmediata se pone de manifiesto tanto la diferenciación como el orden de subordinación en el que los individuos se colocan. El «arriba» y «abajo», el «ellos» y el «nosotros», «burgueses» y «trabajadores», etc., son pares polarizados que remiten a la percepción de una sociedad desigual. «El Gobierno», rótulo en el que se fundían los que estaban encima, favorece a «los de siempre», realizando una política contraria a «los de abajo» y favorable a «los de arriba». La conexión entre política, desigualdad y estructura jerarquizada se hace explícita en las distintas reflexiones sobre el entorno inmediato.

Se constata la distancia entre percepción escindida del orden social y el orden político. La percepción del orden social se mueve dentro del campo de la crítica. Su no traducción al campo político se ha explicado sobre la base de la interiorización de los valores democráticos, de la libertad, etc. En definitiva, de los valores vigentes de la democracia y del mercado por parte de la clase obrera. Los valores simbólicos, los factores ideológicos, se situarían permanentemente en la base de la estabilidad del orden político.

De este modo, valores y conceptos tales como democracia, sociedad de libre mercado, etc., cubrirían y relegarían a un segundo plano a la conciencia crítica. Entre la crítica y los valores habrían prevalecido estos últimos. Sobre la base de éstos puede construirse un silogismo que, partiendo de la evidencia, no deja ningún resquicio para la consideración de la crítica. La ausencia de opciones políticas radicales, su inconsistencia político-electoral, pondrían de manifiesto esa integración de la clase obrera en el sistema establecido. Este silogismo hace compatible la integración política con la ausencia de relaciones de explotación.

La conexión entre orden político, la integración en el orden social y conciencia social, requiere sin embargo una mirada diferente. La cuestión no es sacar la conclusión sobre por qué no se cuestiona el sistema político —bien por el apoyo electoral a otras opciones, bien por otros medios— y por tanto la clase obrera se encuentra reconocida en él. La cuestión es la inversa: por qué la clase obrera, que no se encuentra reconocida en él, no lo cuestiona.

En las distintas entrevistas no aparecen referencias a valores tales como democracia, libertad, mercado, etc. Estas referencias son sustituidas por la referencia al orden social en términos de orden natural. Y en esta percepción del orden social como orden natural es donde reside el nexo de la aceptación del orden político. No es su cualificación ideológica —puede decirse en conclusión— lo que legitima el orden, sino el que éste se percibe como el único posible.

Esta percepción del orden social como orden natural coloca al orden político como un orden subordinado respecto de la naturalidad de la razón de Estado. La organización piramidal coloca al orden político no como un espacio de transformación, como el lugar en el que se cambia el orden social, sino como el lugar en el que se administra ese orden social. Administración que se mueve permanentemente en los límites de aquello que está constituido.